Trabajo en la sombra para parejas

Una guía para fortalecer tu relación, generar confianza y comprensión, y cultivar un amor duradero

Callie Parker

BIENVENIDO A
DESBLOQUEANDO LA FELICIDAD

SU GUÍA DE ACTIVIDADES QUE MEJORAN SU ESTADO DE ÁNIMO

Embárcate en un viaje para mejorar tu estado de ánimo diario y aprovechar el poder transformador de la felicidad. En estas páginas, descubrirá los fundamentos científicos de cómo las actividades pueden mejorar significativamente su bienestar y aprenderá por qué aceptar nuevas experiencias es clave para una vida plena.

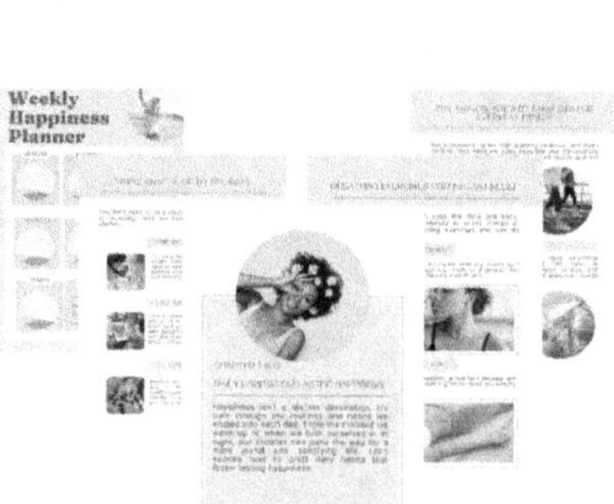

¿Qué obtendrá con este libro electrónico?

- Perspectivas respaldadas por la ciencia
- Estrategias prácticas
- Hábitos diarios
- Actividades inspiradoras
- Actividades creativas y sociales
- Técnicas de Mindfulness y Relajación
- Planificador personalizable

¿Listo para aumentar tu felicidad? ¡Comienza tu viaje ahora! Escanee el código QR o siga el enlace a continuación para unirse a nuestro boletín para obtener contenido exclusivo y comenzar a construir su vida feliz hoy.

Envíame mi libro electrónico gratuito
Desbloqueando la felicidad

Maximiza Tu Viaje de Trabajo de Sombra con Tu Pareja: El Diario Complementario

Mejora tu viaje a través de "Trabajo de Sombra para Parejas" con este diario complementario, diseñado para profundizar tu conexión y fomentar la reflexión personal compartida.

- Profundiza Tu Comprensión Compartida: Participa en ejercicios que aportan claridad y profundidad a los conceptos discutidos en el libro, permitiendo conversaciones significativas y crecimiento mutuo.
- Explora Emociones Juntos: Crea un espacio seguro para que ambos miembros de la pareja puedan desempacar emociones complejas de forma privada y abierta, fomentando una mayor conciencia de sí mismos individual y colectiva.
- Registra Tu Progreso como Pareja: Documenta tu crecimiento y descubrimientos juntos, creando un recurso valioso para la reflexión futura y el progreso continuo como un frente unido.
- Ejercicios Personalizados para Parejas: Benefíciense de actividades diseñadas específicamente para la dinámica única de las parejas, mejorando la relevancia y el impacto mientras navegan juntos en el viaje.

Obtén tu copia de "Diario de Trabajo de Sombra para Parejas" hoy mismo y desbloquea conocimientos más profundos sobre tu crecimiento personal y relacional.

Contents

Bienvenido

Bienvenido a Trabajo en la sombra para parejas: Una guía para fortalecer tu relación, construir confianza y comprensión, y cultivar un amor duradero. Este libro está diseñado para guiarte a ti y a tu pareja en un viaje de autodescubrimiento y sanación, fomentando una conexión más profunda y auténtica en vuestra relación.

Para mejorar tu experiencia, hemos creado El Diario del trabajo en la sombra para parejas: Sanen juntos a su niño interior con actividades individuales y conjuntas guiadas para una relación más fuerte. Este diario es un compañero esencial que ofrece actividades guiadas para ayudaros a aplicar los conceptos tratados en este libro y a participar juntos en reflexiones y ejercicios significativos.

Le recomendamos encarecidamente que utilice el diario junto con la lectura para aprovechar al máximo esta experiencia transformadora. Puede acceder fácilmente al diario a través de las siguientes opciones:

- Pídelo en Amazon: Escanea el código QR de abajo.

- Descarga gratuita: Escanea el código QR que aparece a continuación.

Introducción

EMPRENDER JUNTOS EL VIAJE

Embarcándose en un viaje transformador de autodescubrimiento y profundización en la intimidad, este libro se aventura más allá de la superficie de los consejos convencionales sobre relaciones, sumergiéndose en las profundas enseñanzas de Carl Jung. Nuestra exploración no trata sólo de comprender la psique individual, sino de desentrañar cómo estos mundos interiores dan forma, desafían y enriquecen nuestras relaciones íntimas.

En esta introducción, sentamos las bases de lo que nos espera. Empezaremos desmitificando el concepto de "trabajo en la sombra", un término que puede parecer difícil de entender o incluso intimidatorio. Aquí, se convierte en una puerta de entrada a un profundo crecimiento personal y al enriquecimiento de las relaciones. Este viaje no consiste sólo en enfrentarnos a las partes ocultas de nosotros mismos, sino también en reconocer cómo estas fuerzas invisibles influyen en nuestros vínculos más preciados.

Carl Jung, pionero en el mundo de la psicología, ofreció ideas que trascienden los límites de la terapia individual. Sus enseñanzas proporcionan una hoja de ruta para las parejas deseosas de explorar las profundidades de su relación y de su propio yo. En este libro, entrelazamos la sabiduría de Jung con ejercicios prácticos, creando una experiencia única que es a la vez esclarecedora y profundamente personal.

Al embarcarnos en este viaje, recuerda que este proceso consiste tanto en desaprender como en aprender. Se trata de quitar capas de condicionamiento, expectativas sociales y defensas personales para revelar la cruda y hermosa verdad de quiénes somos y cómo amamos.

Este libro está diseñado para ser utilizado junto con el Diario de trabajo en la sombra para parejas, que ofrece ejercicios guiados e indicaciones para complementar los conocimientos teóricos que aquí se proporcionan. Juntos, estos recursos forman un camino cohesivo hacia un autoconocimiento y una armonía relacional más profundos.

Cuando pases estas páginas, acércate a este viaje con el corazón y la mente abiertos. Tanto si eres nuevo en el concepto del trabajo de sombras como si llevas años explorando tu paisaje interior, este viaje consiste en abrazar la vulnerabilidad, fomentar la conexión genuina y alimentar un amor que se hace más profundo y auténtico con cada experiencia compartida.

Comencemos este viaje de descubrimiento, sanación y conexión.

Visión general de los conceptos de Carl Jung

En el ámbito de la teoría psicológica, pocos pensadores han profundizado tanto en los misterios de la psique humana como Carl Gustav Jung. Su obra, revolucionaria y profunda, ofrece un rico tapiz de conceptos que han reconfigurado nuestra comprensión de la mente, las relaciones y el crecimiento personal. Este capítulo sirve como introducción a algunas de las contribuciones más significativas de Jung, sentando las bases para su aplicación en el ámbito de las relaciones íntimas.

1. 1. La psique: El núcleo de la filosofía de Jung es la psique, la personalidad total que incluye la conciencia y el inconsciente. Jung veía la psique como un sistema autorregulado, que se esfuerza por alcanzar el equilibrio y la totalidad. Comprender la dinámica de la psique es crucial para el desarrollo personal y la armonía en las relaciones.

2. Jung distinguía entre la mente consciente, la parte de la que somos conscientes, y el vasto inconsciente, a menudo inaccesible. El inconsciente es una reserva de sentimientos, pensamientos, impulsos y recuerdos fuera de nuestra percepción consciente. Muchos de nuestros patrones de relación tienen sus raíces en estas profundidades ocultas.

3. La sombra: La sombra es quizá el concepto más famoso de Jung, y se refiere al aspecto inconsciente de la personalidad que el yo consciente no identifica en sí mismo. Es un depósito de rasgos

que negamos o que nos desagradan en nosotros mismos, y que a menudo pueden aflorar en las relaciones de diversas formas, como la proyección.

4. Arquetipos: Jung también introdujo la idea de los arquetipos, personajes o temas universales y míticos que residen en el inconsciente colectivo. Estos arquetipos, como el Anima y el Animus (la imagen femenina en la psique masculina y viceversa), influyen significativamente en nuestras relaciones y narrativas personales.

5. 5. Individuación: Proceso central de la teoría de Jung, la individuación es el viaje hacia la plenitud y la autorrealización. Implica integrar el inconsciente con la mente consciente, incluida la sombra, y es esencial para unas relaciones auténticas y satisfactorias.

6. 6. Sincronicidad: El concepto de Jung de sincronicidad, o coincidencias significativas, desafía la noción de sucesos aleatorios. Comprender la sincronicidad puede aportar un sentido de conexión y significado más profundos a las parejas.

7. El papel de los sueños: Para Jung, los sueños eran mensajes directos del inconsciente que ayudaban a guiar el proceso de individuación. Interpretar los sueños puede ser una herramienta poderosa para que las parejas comprendan sus motivaciones y miedos inconscientes.

8. Simbolismo y alquimia: Jung consideraba que los símbolos eran la clave para comprender el inconsciente, y a menudo utilizaba metáforas alquímicas para describir procesos psicológicos. El lenguaje simbólico puede ofrecer a las parejas una lente única para interpretar sus experiencias y emociones.

Esta visión general de los conceptos de Jung proporciona una comprensión fundamental para los ejercicios y reflexiones de este diario. A medida que profundicemos en cada capítulo, veremos cómo estas teorías se aplican no sólo al individuo, sino también a la danza de la intimidad y la pareja. Comprender las ideas de Jung puede iluminar los caminos que recorremos en nuestras relaciones, ofreciéndonos ideas y herramientas para el crecimiento, la sanación y una conexión más profunda.

La importancia del trabajo de sombras en las relaciones

El trabajo de sombras, un concepto derivado de las profundas ideas de Carl Jung, desempeña un papel fundamental en la dinámica de las relaciones íntimas. En esencia, el trabajo de sombras implica afrontar e integrar las partes de nosotros mismos que, consciente o inconscientemente, hemos rechazado o ignorado. Este capítulo profundiza en por qué el trabajo de sombras es crucial para las parejas que buscan conexiones más profundas y auténticas.

1. Comprensión y aceptación: Las relaciones suelen actuar como espejos que reflejan nuestros aspectos más ocultos. El trabajo con las sombras permite a los individuos de una relación comprender y aceptar no sólo las profundidades de su pareja, sino también las suyas propias. Esta comprensión fomenta la empatía, reduce los conflictos y nutre un sentido más profundo de aceptación.

2. Reducir la proyección: Uno de los retos más comunes en las relaciones es la tendencia a proyectar nuestras propias cualidades en la sombra sobre nuestra pareja. Esto puede dar lugar a malentendidos y conflictos. El trabajo de sombras ayuda a los individuos a reconocer sus propias proyecciones, lo que conduce a interacciones más sanas y honestas.

3. Comunicación auténtica: Al reconocer e integrar la sombra, las parejas pueden comunicarse de forma más auténtica. Esta autenticidad abre las puertas para hablar de miedos, deseos y aspiraciones más profundos, lo que conduce a una conexión más profunda y significativa.

4. Crecimiento personal y desarrollo de la relación: El trabajo con las sombras no sólo es beneficioso para el crecimiento personal, sino también para la evolución de la relación. A medida que los individuos trabajan con sus sombras, aportan más de sí mismos a la relación, lo que permite una asociación más holística y dinámica.

5. Romper patrones: Muchos problemas de pareja tienen su origen en problemas personales no resueltos. Al abordarlos a través del trabajo con las sombras, las parejas pueden romper patrones repetitivos y poco saludables, allanando el camino para una dinámica más positiva.

6. Mejorar la intimidad: El trabajo de sombras puede mejorar significativamente la intimidad emocional y psicológica. A medida que las parejas comparten y exploran sus sombras

juntos, construyen una confianza y comprensión más profundas, fortaleciendo el vínculo entre ellos.

7. Alcanzar el equilibrio: Jung creía en la importancia de equilibrar todos los aspectos de la psique. En las relaciones, este equilibrio es crucial para la armonía. El trabajo de sombras ayuda a las parejas a reconocer y equilibrar sus energías masculinas y femeninas, lo que conduce a una relación más equilibrada y satisfactoria.

8. Prepararse para los retos de la vida: Las relaciones se enfrentan inevitablemente a desafíos. Las parejas que han realizado trabajo de sombras suelen estar mejor preparadas para afrontar las adversidades de la vida. El fortalecimiento de la comunicación y el entendimiento proporcionan una base sólida para superar los momentos difíciles.

En conclusión, el trabajo en la sombra no es un mero viaje de autodescubrimiento individual; es una expedición compartida hacia una relación de pareja más profunda y resistente. Al explorar las sombras juntos, las parejas pueden desbloquear nuevos niveles de comprensión, compasión y conexión, enriqueciendo su relación de formas antes inimaginables. A medida que avancemos en este libro, exploraremos cómo estos conceptos pueden aplicarse en la práctica para nutrir y profundizar su vínculo íntimo.

Cómo utilizar este libro junto con el diario guiado

Este diario de trabajo en la sombra para parejas está diseñado como un viaje de dos componentes: un libro que proporciona conocimientos teóricos y un diario guiado lleno de ejercicios prácticos. Utilizados conjuntamente, ofrecen un enfoque exhaustivo para explorar las profundidades de tu relación y de tu psique individual. A continuación te explicamos cómo sinergizar el uso de ambos componentes para disfrutar de una experiencia enriquecedora:

1. Enfoque secuencial: Empiece leyendo un capítulo del libro para adquirir conocimientos teóricos. A continuación, lea el capítulo correspondiente en el diario guiado. Este enfoque permite que los conceptos estén frescos en la mente cuando te sumerjas en los ejercicios.

2. Reflexionar y escribir: Después de leer cada sección del

libro, tómate tiempo para reflexionar sobre su contenido. Utiliza el diario guiado para expresar tus pensamientos, sentimientos y cualquier revelación que puedas tener. Este proceso de escritura puede profundizar tu comprensión y conexión personal con los conceptos.

3. Aprendizaje compartido: Fomenta el debate abierto con tu compañero sobre lo que has leído. Puedes hacerlo capítulo a capítulo o a intervalos que os convengan a ambos. Compartir ideas y reflexiones personales puede mejorar la comprensión y la empatía mutuas.

4. Escribir juntos: Los ejercicios guiados del diario están diseñados para ser realizados tanto individualmente como en pareja. Dediquen un tiempo regular a escribir juntos, comentando sus respuestas y experiencias. Esta actividad compartida puede ser una poderosa experiencia de unión y una forma de explorar la dinámica de su relación en tiempo real.

5. Aplicar las ideas a la vida diaria: Intente aplicar las ideas y lecciones aprendidas tanto del libro como del diario en sus interacciones diarias. Esta aplicación práctica es clave para hacer que los conocimientos teóricos sean tangibles y tengan un impacto en su relación.

6. Revisar y reflexionar: El trabajo en la sombra es un proceso continuo. No dudes en revisar los capítulos y los ejercicios cuando lo necesites. Puede que descubras que surgen nuevas perspectivas y comprensiones en diferentes etapas de tu relación.

7. Utiliza la flexibilidad: Aunque un enfoque secuencial puede ser beneficioso, siéntete libre de adaptar el uso del libro y del diario a tus necesidades. Es posible que desee volver a revisar ciertos capítulos o ejercicios en función de lo que sea más relevante para su relación en un momento dado.

8. Cree un espacio seguro: Asegúrate de que ambos miembros de la pareja se sientan seguros y escuchados durante las conversaciones y las sesiones del diario.

Respete los puntos de vista del otro y aproveche esta oportunidad para profundizar en la confianza y la intimidad.

Al integrar los conocimientos teóricos del libro con los ejercicios introspectivos e interactivos del diario guiado, tú y tu pareja podréis embarcaros en un viaje significativo de crecimiento y descubrimiento. Este viaje consiste en explorar los territorios inexplorados de vuestras mentes y corazones, sacar a la luz las fuerzas ocultas que dan forma a vuestra relación y, en última instancia, forjar un vínculo más profundo y auténtico.

♥

El inconsciente

EXPLORAR LAS PROFUNDIDADES OCULTAS PARA COMPARTIR LA CONEXIÓN

> "Hasta que no hagas consciente lo inconsciente, dirigirá tu vida y lo llamarás destino". - Carl Jung

En este capítulo, nos adentramos en uno de los conceptos más profundos e influyentes de Carl Jung: el inconsciente. Esta exploración no es sólo un ejercicio académico; es un viaje a las profundidades de nuestra propia psique y la de nuestra pareja. Comprender el inconsciente es fundamental para entender las corrientes subyacentes que dan forma a nuestros comportamientos, reacciones e interacciones en nuestras relaciones.

La mente inconsciente, tal y como la conceptualizó Jung, es una vasta reserva de sentimientos, pensamientos, recuerdos y deseos que yacen fuera de nuestra conciencia. Es el dominio oculto de nuestra psique, que contiene las claves para comprender la intrincada danza de nuestras emociones y acciones. En el contexto de una relación, el inconsciente adquiere una importancia aún mayor, ya que a menudo dicta el ritmo y las pautas de nuestras interacciones con nuestra pareja, a veces de formas de las que no somos conscientes inmediatamente.

En este capítulo:

- Exploraremos el paisaje del inconsciente: Comenzaremos por trazar un mapa del terreno de la mente inconsciente, comprendiendo su estructura y en qué se diferencia de la mente consciente. Esta exploración incluirá un examen de la teoría de Jung sobre el inconsciente personal y colectivo.

- Descubrir el papel del inconsciente en las relaciones: Investigaremos cómo influye el inconsciente en nuestras relaciones románticas. Esto incluye cómo nuestros miedos ocultos, deseos y experiencias pasadas dan forma a la manera en que amamos, discutimos y conectamos.

- Identificar las influencias inconscientes: A través de varios ejemplos y análisis, aprenderemos a identificar las señales de influencias inconscientes en nuestras interacciones diarias. Este conocimiento es crucial para comprender y navegar por las complejidades de las relaciones íntimas.

- Comprender el poder del inconsciente: Profundizaremos en el poder transformador de traer elementos inconscientes a la consciencia. Este proceso es esencial para el crecimiento personal y el desarrollo de una relación sana y satisfactoria.

Este capítulo pretende dotarte de una comprensión más profunda de las fuerzas invisibles que intervienen en tu relación. A medida que lo lea, obtendrá información que iluminará sus interacciones, ayudándole a usted y a su pareja a navegar por el a menudo misterioso y poderoso reino del inconsciente con mayor conciencia y empatía.

Explicación de la mente inconsciente según Jung

La exploración de la mente inconsciente por parte de Carl Jung supuso un cambio significativo con respecto a las teorías psicológicas predominantes en su época. No consideraba el inconsciente como un mero depósito de deseos y traumas reprimidos, sino como un componente rico y dinámico de nuestra psique que forma parte integral de nuestros procesos psicológicos. Esta sección profundiza en la concepción de

Jung sobre el inconsciente, iluminando sus complejidades y su significado.

1. El inconsciente personal: Jung identificó el inconsciente personal como una capa de la psique que contiene pensamientos y sentimientos que no están inmediatamente presentes en la conciencia. Incluye experiencias olvidadas, recuerdos reprimidos, percepciones subliminales e ideas no desarrolladas. Según Jung, estos elementos pueden influir en nuestro comportamiento y respuestas emocionales, a menudo de formas que no reconocemos conscientemente.

2. El inconsciente colectivo: Más allá del inconsciente personal, Jung introdujo el concepto de inconsciente colectivo. Se trata de un nivel más profundo compartido por todos los individuos, que contiene las experiencias universales de la humanidad. Contiene arquetipos, que son disposiciones psíquicas innatas y universales que forman el sustrato del que emergen los temas básicos de la vida humana.

3. Arquetipos: Dentro del inconsciente colectivo, arquetipos como la Sombra, el Anima y el Animus, la Madre, el Héroe y el Anciano Sabio, desempeñan un papel crucial. Representan motivos humanos fundamentales y pueden manifestarse en sueños, fantasías y comportamientos. En las relaciones, estos arquetipos pueden influir en cómo percibimos e interactuamos con nuestra pareja.

4. Los sueños como ventana al inconsciente: Jung creía que los sueños son una vía directa al inconsciente. Sirven de puente entre los reinos consciente e inconsciente, ofreciendo percepciones y mensajes que, si se interpretan, pueden conducir a una profunda autoconciencia y comprensión.

5. Los símbolos y el inconsciente: Jung también hizo hincapié en la importancia de los símbolos, considerándolos manifestaciones de procesos inconscientes. Los símbolos, argumentaba, son el lenguaje del inconsciente, y descifrarlos puede desbloquear una comprensión más profunda de nuestra psique y nuestras relaciones.

6. El papel del inconsciente en el desarrollo de la personalidad: Jung consideraba que la interacción entre la mente consciente y la inconsciente era vital para el crecimiento psicológico. Este proceso, conocido como individuación, implica la integración de los aspectos inconscientes de la psique en la conciencia

consciente, lo que conduce a un individuo más equilibrado y completo.

En esencia, la visión de Jung sobre el inconsciente ofrece una comprensión rica y con múltiples capas de la psique humana. Sugiere que nuestros comportamientos, sentimientos y dinámicas de relación están profundamente influidos por procesos inconscientes. Al explorar e integrar estos elementos inconscientes, abrimos la puerta a un mayor conocimiento de nosotros mismos, al crecimiento personal y a una conexión más profunda y significativa en nuestras relaciones íntimas.

El papel del inconsciente en las relaciones románticas

La mente inconsciente, tal y como la conceptualizó Carl Jung, desempeña un papel crucial, aunque a menudo subestimado, en la configuración de la dinámica de las relaciones románticas. Este trasfondo invisible de nuestra psique influye en la forma en que conectamos, reaccionamos y nos relacionamos con nuestras parejas, y a menudo dirige el curso de una relación de forma profunda. Comprender el papel del inconsciente puede iluminar muchos aspectos de las relaciones románticas, desde la chispa inicial de la atracción hasta los aspectos más profundos de los vínculos a largo plazo.

1. La atracción inicial entre las personas suele estar influida por factores inconscientes. La psicología junguiana sugiere que nos sentimos atraídos por parejas que inconscientemente nos recuerdan aspectos de nuestros padres o cuidadores primarios, buscando sanar dinámicas infantiles no resueltas. Este fenómeno, a menudo denominado transferencia, puede desempeñar un papel importante en nuestra elección de pareja.

2. Proyección en las relaciones: Uno de los papeles más significativos del inconsciente en las relaciones es la proyección de nuestras propias cualidades en la sombra sobre nuestra pareja. Podemos atribuir rasgos o cualidades negativos a nuestra pareja, que en realidad son aspectos de nosotros mismos que no hemos reconocido o integrado plenamente. Reconocer y comprender estas proyecciones puede conducir a relaciones más sanas y auténticas.

3. La danza del Anima y el Animus: Según Jung, cada persona lleva dentro cualidades masculinas y femeninas: el ánimus (la

personalidad interior masculina en las mujeres) y el ánima (la personalidad interior femenina en los hombres). En las relaciones, los individuos suelen proyectar su ánima o ánimus en su pareja. Esta proyección puede enriquecer la relación aportando equilibrio o causar malentendidos y conflictos si no se reconoce y gestiona.

4. Comunicación inconsciente: Gran parte de nuestra comunicación en las relaciones funciona a un nivel inconsciente. Las señales no verbales, las reacciones emocionales e incluso nuestras expectativas se rigen a menudo por procesos inconscientes. Al ser más conscientes de estos elementos inconscientes, las parejas pueden desarrollar una comprensión y una conexión más profundas.

5. Compulsión por la repetición: La psicología junguiana destaca cómo los individuos suelen repetir inconscientemente patrones de comportamiento en las relaciones. Estos patrones, arraigados en experiencias pasadas y emociones no procesadas, pueden conducir a ciclos de conflicto o insatisfacción. Al traer estos patrones a la conciencia, las parejas pueden liberarse de ellos y fomentar una dinámica más saludable.

6. Sanación y crecimiento a través de las relaciones: Las relaciones románticas ofrecen una oportunidad única para el crecimiento personal y la sanación. La mente inconsciente suele guiarnos hacia parejas que pueden ayudarnos a afrontar e integrar nuestros aspectos sombríos. Este proceso, aunque desafiante, puede conducir a una transformación personal significativa y a una experiencia de relación más profunda.

Comprender el papel del inconsciente en las relaciones románticas no consiste sólo en descubrir motivos ocultos o resolver traumas del pasado. Se trata de profundizar en la conexión con nuestra pareja, fomentar el crecimiento mutuo y navegar por el complejo pero gratificante viaje del amor con mayor conciencia y empatía. Al explorar los matices del inconsciente, estamos mejor equipados para cultivar relaciones que no sólo son amorosas, sino también transformadoras.

Casos prácticos e historias

Para ilustrar mejor el papel del inconsciente en las relaciones románticas, esta sección presenta una serie de estudios de casos e historias. Estos ejemplos de la vida real ofrecen una ventana a cómo la dinámica inconsciente actúa en las relaciones, proporcionando ideas y lecciones que pueden aplicarse en tu propio viaje de amor y autodescubrimiento.

1. La historia de Emma y Tom: La relación de Emma y Tom estaba marcada por frecuentes discusiones sobre el compromiso. A través de la terapia, descubrieron que Emma tenía un miedo inconsciente al abandono derivado de la temprana marcha de su padre de su vida. Este miedo la empujaba a presionar a Tom para que se comprometiera más, lo que a su vez desencadenaba el miedo inconsciente de Tom a ser controlado, arraigado en su relación con su autoritaria madre. Reconocer estas influencias inconscientes les permitió abordar su relación con más empatía y comprensión.

2. El caso de Sarah y Alex: Sarah se sentía a menudo desatendida en su relación con Alex, creyendo que él no estaba emocionalmente disponible. Una exploración más profunda reveló que Sarah estaba proyectando sus cualidades de sombra de desapego emocional en Alex. En realidad, Sarah luchaba contra la vulnerabilidad debido a traumas pasados. A medida que trabajaba en la integración de estos aspectos de su sombra, la dinámica de su relación mejoró significativamente.

3. La transformación de Mike y Linda: Mike y Linda buscaron ayuda para lo que creían que era una falta de pasión en su relación. A través de un trabajo de sombras guiado, descubrieron que ambos proyectaban su ánima y su ánimus en el otro, esperando que el otro cumpliera unos ideales poco realistas. Al reconocer e integrar estas proyecciones, encontraron una renovada sensación de pasión e intimidad.

4. El viaje de curación de Raquel y David: La relación de Raquel y David era tensa debido a la infidelidad de David. Gracias a la terapia de pareja centrada en los conceptos de Jung, descubrieron que las acciones de David se debían en parte a patrones inconscientes heredados del comportamiento de su padre. Abordar estos patrones fue clave para sanar y reconstruir su relación.

5. La historia de Anita y Chris: Anita y Chris tenían problemas de comunicación. Anita sentía que Chris no era abierto con sus sentimientos. A través del trabajo de sombras, Chris descubrió que su reticencia a expresar emociones estaba vinculada a una creencia inconsciente de que los hombres no deben mostrar

vulnerabilidad. Reconocer y cuestionar esta creencia condujo a una comunicación más abierta y honesta entre ellos.

Estos estudios de casos e historias demuestran el profundo impacto del inconsciente en las relaciones románticas. Muestran cómo descubrir y comprender patrones, miedos y deseos inconscientes puede conducir a la curación, al crecimiento y a una conexión más profunda entre la pareja. Cada historia es un testimonio del poder transformador del autoconocimiento y del valor para afrontar los aspectos ocultos de nosotros mismos y de nuestras relaciones.

- Consulta la sección correspondiente del *Diario y cuaderno de trabajo del trabajo en la sombra para parejas* y completa los ejercicios. Reflexiona sobre tus percepciones, aplica los conceptos y explora tus experiencias personales. Dedicar este tiempo a la autorreflexión mejorará tu viaje.

Deseos reprimidos

DESVELAR ASPECTOS OCULTOS PARA UN VÍNCULO SATISFACTORIO

> "Lo que resistes, persiste". - Carl Jung

En el capítulo 2, "Deseos reprimidos", exploramos uno de los aspectos más intrigantes, aunque a menudo incomprendido, de nuestra psique y nuestras relaciones: el reino de los deseos que hemos empujado a las sombras de nuestro inconsciente. Los deseos reprimidos son aquellos deseos, necesidades y fantasías que, por diversas razones, hemos aprendido a ocultar o reprimir. Pueden ser desde ambiciones personales hasta necesidades emocionales, fantasías sexuales o incluso aspectos de nuestra personalidad que consideramos inaceptables.

La psicología junguiana ofrece una lente profunda a través de la cual comprender la naturaleza y el impacto de estos deseos reprimidos. En el contexto de las relaciones románticas, estos deseos ocultos pueden desempeñar un papel importante, a menudo aflorando indirectamente e influyendo en nuestras interacciones de maneras que quizá no reconozcamos conscientemente.

En este capítulo:

- Definiremos los deseos reprimidos: Comenzaremos por comprender qué son los deseos reprimidos y en qué se diferencian de nuestros deseos y anhelos conscientes. Esto incluye explorar los mecanismos de represión y las razones por las que ciertos deseos se reprimen.

- El impacto en las relaciones: Los deseos reprimidos pueden tener un impacto significativo en las relaciones románticas. Pueden manifestarse como insatisfacción inexplicable, necesidades insatisfechas o atracciones y aversiones inexplicables. Comprender este impacto es crucial para abordar los problemas subyacentes en una relación.

- Identificación de deseos reprimidos: A través de estudios de casos y ejercicios de reflexión, exploraremos cómo identificar signos de deseos reprimidos en nosotros mismos y en nuestras parejas. Esta comprensión es el primer paso para traer estos deseos a la conciencia.

- La perspectiva de Jung sobre el deseo y la psique: Las ideas de Carl Jung sobre la naturaleza del deseo y su relación con otras partes de la psique proporcionan un marco valioso para comprender e integrar los deseos reprimidos.

- El papel de los deseos reprimidos en el crecimiento personal: Profundizaremos en cómo el reconocimiento y la integración de los deseos reprimidos puede ser un proceso transformador que conduzca a un mayor autoconocimiento, crecimiento personal y realización.

- Transformación de las relaciones mediante la integración de los deseos: Finalmente, exploraremos cómo las parejas pueden trabajar juntas para reconocer e integrar los deseos reprimidos, conduciendo a una relación más auténtica, satisfactoria y dinámica.

"Deseos reprimidos" es un capítulo que invita tanto a la introspección como al diálogo abierto entre los miembros de la pareja. Ofrece un viaje a los territorios más profundos, a menudo inexplorados, de nuestros corazones y mentes, revelando cómo las sombras de nuestros deseos conforman el paisaje de nuestras relaciones. Al afrontar y abrazar estas partes ocultas de nosotros mismos, abrimos la puerta a una conexión más profunda y genuina con nuestras parejas.

Comprender los deseos reprimidos y su impacto en las relaciones de pareja

Comprender los deseos reprimidos y su impacto en las relaciones es crucial para fomentar conexiones más profundas y auténticas entre la pareja. Los deseos reprimidos son aquellos aspectos de nuestra estructura emocional y psicológica que, por diversas razones, hemos decidido inconscientemente ocultar o ignorar. Pueden ser necesidades emocionales no reconocidas, aspiraciones reprimidas o impulsos prohibidos.

1. Naturaleza de los deseos reprimidos: Los deseos reprimidos suelen tener su origen en experiencias vitales tempranas, condicionamientos culturales o miedos personales. Son los deseos, emociones y necesidades que hemos apartado de nuestra conciencia, normalmente porque entran en conflicto con la imagen que tenemos de nosotros mismos o con las expectativas de la sociedad.

2. La represión como mecanismo de defensa: La represión sirve como mecanismo de defensa psicológico para evitar enfrentarse a emociones incómodas o dolorosas. Aunque puede proporcionar alivio o estabilidad a corto plazo, con el tiempo, estos deseos reprimidos pueden ejercer una influencia significativa en el comportamiento y el bienestar emocional.

3. Impacto en el comportamiento personal: Los individuos con deseos reprimidos pueden experimentar cambios de humor inexplicables, reacciones irracionales o sentimientos persistentes de insatisfacción. Estos conflictos internos también pueden manifestarse como síntomas físicos, un fenómeno conocido como respuesta psicosomática.

4. Influencia en la dinámica de las relaciones: En las relaciones románticas, los deseos reprimidos pueden dar lugar a diversos problemas:

- Proyección: Los individuos pueden proyectar sus deseos no reconocidos en sus parejas, malinterpretando las acciones o palabras de su pareja.

- Conflicto e incomprensión: La desalineación entre los comportamientos conscientes y los deseos inconscientes puede crear conflictos, dando lugar a discusiones y malentendidos.

- Distancia emocional: Reprimir deseos significativos puede crear una barrera para la intimidad emocional, ya que uno no está completamente presente o auténtico en la relación.

5. Reconocer los deseos reprimidos: Identificar los deseos reprimidos requiere introspección y, a menudo, ayuda externa como la terapia. Los signos incluyen patrones consistentes de insatisfacción, reacciones emocionales inexplicables, o un sentimiento de "algo que falta" en la vida o las relaciones de uno.

6. Integrar los deseos reprimidos: Abordar e integrar los deseos reprimidos implica traerlos a la conciencia, comprender sus orígenes y encontrar formas sanas de reconocerlos y expresarlos. Este proceso puede conducir a la curación y el crecimiento personal.

7. Transformación positiva de las relaciones: A medida que las personas trabajan con sus deseos reprimidos, a menudo descubren que sus relaciones mejoran. Esta mejora proviene de un mayor conocimiento de uno mismo, de una comunicación más auténtica y de una comprensión más profunda de las necesidades y deseos del otro.

En resumen, los deseos reprimidos pueden tener un profundo impacto tanto en el bienestar individual como en la salud de las relaciones románticas. Reconocer, comprender e integrar estos deseos son pasos clave hacia la realización personal y la armonía en la relación. Este viaje, aunque desafiante, puede conducir a una conexión más profunda y a una relación de pareja más auténtica.

La perspectiva de Jung sobre el deseo y la psique

En el marco de la exploración del inconsciente de Carl Jung, su perspectiva sobre el deseo ocupa un lugar importante. Jung consideraba el ámbito del deseo como un componente esencial de la psique, estrechamente vinculado a procesos tanto conscientes como inconscientes. Esta comprensión proporciona valiosas ideas sobre cómo los deseos reprimidos pueden moldear nuestras relaciones y nuestro crecimiento personal.

1. El deseo en el contexto de la psique: Jung veía el deseo como una experiencia humana fundamental, profundamente arraigada

tanto en la mente consciente como en la inconsciente. Reconoció que mientras algunos deseos son abiertamente reconocidos y perseguidos, otros son reprimidos, a menudo relegados a las sombras del inconsciente.

2. La sombra y los deseos reprimidos: Un elemento central de la teoría de Jung es el concepto de la Sombra, la parte de la psique donde se almacenan los rasgos y deseos considerados inaceptables o amenazantes para el ego. Estos deseos reprimidos, ocultos en la Sombra, pueden influir significativamente en el comportamiento y las elecciones, aunque sea de forma inconsciente. Para Jung, confrontar e integrar estos aspectos de la sombra era crucial para alcanzar el equilibrio psicológico y la plenitud.

3. La integración de los deseos reprimidos forma parte de lo que Jung denominó el proceso de individuación, un viaje hacia la autorrealización y la plenitud. Este proceso implica reconocer y reconciliar las partes dispares del yo, incluyendo aquellos deseos que han sido reprimidos o ignorados.

4. Deseo y proyección en las relaciones: En las relaciones románticas, la teoría de Jung ilustra cómo los deseos no reconocidos pueden conducir a la proyección, en la que uno de los miembros de la pareja puede atribuir al otro sus deseos o cualidades reprimidos. Esta dinámica puede dar lugar a malentendidos y conflictos, por lo que el reconocimiento y la integración de estos deseos son cruciales para la armonía de la relación.

5. El poder transformador del reconocimiento del deseo: Jung creía que reconocer e integrar los deseos reprimidos podía conducir a una transformación personal significativa. Esta transformación no se limita al crecimiento individual, sino que se extiende a la dinámica de las relaciones románticas, en las que una comprensión más profunda de los propios deseos puede conducir a conexiones más auténticas y satisfactorias.

En resumen, la perspectiva de Jung sobre el deseo y la psique ofrece una comprensión matizada de la compleja interacción entre nuestros deseos más íntimos y nuestra vida consciente, especialmente en el contexto de las relaciones íntimas. Al explorar estos deseos ocultos, los individuos pueden emprender un camino de autodescubrimiento y profundidad relacional, desbloqueando nuevos niveles de comprensión y conexión.

La diferencia entre la represión sana y la insana

Al explorar la dinámica del inconsciente, especialmente en el contexto de los deseos reprimidos, es esencial distinguir entre la represión sana y la insana. Las teorías de Carl Jung proporcionan un marco para comprender esta diferenciación, que es crucial en el desarrollo personal y la salud de las relaciones románticas.

1. La represión sana como mecanismo psicológico: La represión sana puede entenderse como un proceso psicológico natural en el que ciertos deseos o impulsos se dejan de lado inconscientemente para mantener la adecuación social, el equilibrio psicológico y la concentración. Este tipo de represión es temporal y adaptativa, y nos ayuda a funcionar eficazmente en diversos contextos sociales y personales.

2. La represión malsana y sus consecuencias: La represión malsana se produce cuando los deseos y las emociones son empujados crónicamente al inconsciente, a menudo debido al miedo, los traumas o las normas sociales. Estos elementos reprimidos no desaparecen, sino que pueden manifestarse de diversas formas perturbadoras, como ansiedad, depresión, conflictos en las relaciones o incluso síntomas físicos. Sin resolver, estos elementos reprimidos pueden obstaculizar significativamente el crecimiento personal y la satisfacción relacional.

3. Represión en las relaciones: En el contexto de las relaciones, la represión malsana a menudo conduce a malentendidos, resentimiento y falta de intimidad. Por ejemplo, si un miembro de la pareja reprime su necesidad de cercanía emocional por miedo a la vulnerabilidad, esto puede crear distancia y desconexión en la relación

4. El punto de vista de Jung sobre la represión y la individuación: Jung enfatizó que reconocer e integrar los aspectos reprimidos del yo es vital para el proceso de individuación - el viaje hacia la totalidad. Esta integración incluye el reconocimiento de los deseos reprimidos, lo que puede conducir a una vida más auténtica y plena, incluyendo dinámicas de relación más saludables.

5. Identificar y abordar la represión malsana: La clave para transformar la represión malsana en un camino de crecimiento

reside en el autoconocimiento y, a menudo, en la intervención terapéutica. Esto implica explorar el inconsciente, comprender los orígenes de los deseos reprimidos e integrar gradualmente estos aspectos en la conciencia consciente.

6. El papel de los sueños y los símbolos: Jung creía que los sueños y las imágenes simbólicas podían proporcionar información sobre aspectos reprimidos de la psique. Mediante el análisis de los sueños y los símbolos, los individuos pueden acceder a los deseos reprimidos y comenzar el proceso de integrarlos.

En resumen, la distinción entre represión sana y no sana es crucial para comprender el papel del inconsciente en el bienestar personal y relacional. Reconocer y abordar la represión malsana puede conducir a mejoras significativas en la salud emocional, el crecimiento personal y la calidad de las relaciones románticas. Las siguientes secciones profundizarán en cómo los individuos y las parejas pueden identificar y trabajar la represión malsana, allanando el camino para conexiones más auténticas y satisfactorias.

***

- Consulta la sección correspondiente del *Diario y cuaderno de trabajo del trabajo en la sombra para parejas* y completa los ejercicios. Reflexiona sobre tus percepciones, aplica los conceptos y explora tus experiencias personales. Dedicar este tiempo a la autorreflexión mejorará tu viaje.

Proyección

COMPRENDERNOS A NOSOTROS MISMOS, COMPRENDERNOS MUTUAMENTE

> "Todo lo que nos irrita de los demás puede llevarnos a comprendernos a nosotros mismos". - Carl Jung

En el capítulo 3, "Proyección", nos embarcamos en la exploración de uno de los fenómenos más intrigantes e impactantes de las relaciones: la proyección de nuestros propios aspectos inconscientes en nuestras parejas. Este concepto, arraigado en la psicología de Jung, revela cómo a menudo atribuimos nuestros propios sentimientos, deseos y miedos reprimidos a las personas más cercanas a nosotros, especialmente a nuestras parejas sentimentales. Comprender y navegar por este complejo terreno psicológico es clave para fomentar relaciones más sanas y auténticas.

La proyección se produce cuando un individuo transfiere inconscientemente sus propios atributos, emociones o deseos a otra persona. En el contexto de una relación romántica, esto puede dar lugar a malentendidos, conflictos y una visión distorsionada de la pareja. Por ejemplo, una persona puede acusar a su pareja de estar enfadada o distante, cuando en realidad éstas son las cualidades que le incomoda reconocer en sí misma.

En este capítulo se tratarán varias áreas clave:

- Definición de proyección: Una clara comprensión de qué es la proyección y cómo opera en la psique y en las relaciones.

- Ejemplos de proyección en las relaciones: Escenarios de la vida real y estudios de casos que ilustran cómo se manifiesta la proyección en las relaciones románticas.

- Los orígenes de la proyección: Profundización en las raíces psicológicas de la proyección, incluidos sus vínculos con aspectos reprimidos del yo y emociones no reconocidas.

- Consecuencias de la proyección: Examinar cómo la proyección descontrolada puede conducir a tensiones en la relación, falta de comunicación y distancia emocional.

- Diferenciar el yo del otro: Aprender a reconocer y diferenciar entre los sentimientos y atributos propios y los de la pareja.

- Navegar y resolver la proyección: Estrategias prácticas para que las parejas identifiquen, afronten y trabajen las proyecciones, mejorando la comprensión y la intimidad.

"Proyección" promete ser un capítulo rico en conocimientos, que guiará a los lectores a través de las formas, a menudo sutiles, en que nuestra mente inconsciente influye en nuestras percepciones e interacciones. Al arrojar luz sobre este fenómeno, las parejas pueden avanzar hacia una comprensión más honesta y empática del otro, transformando los conflictos potenciales en oportunidades para el crecimiento y una conexión más profunda.

El concepto de proyección en psicología

El concepto de proyección en psicología, especialmente el desarrollado por Carl Jung, es esencial para comprender tanto el comportamiento personal como la dinámica interpersonal. La proyección se produce cuando un individuo transfiere inconscientemente sus propias cualidades, sentimientos o motivaciones inaceptables a otra persona, normalmente sin ser consciente de ello. Este mecanismo sirve como estrategia de defensa, evitando que el individuo reconozca cualidades que le resulta difícil aceptar en sí mismo.

- Definición básica de proyección: La proyección consiste en atribuir los propios sentimientos, deseos o impulsos reprimidos a otra persona, lo que a menudo conduce a una distorsión de la realidad. Por ejemplo, alguien que no confía puede acusar a su pareja de ser engañosa.

- La perspectiva de Jung sobre la proyección: Carl Jung consideraba la proyección como una parte natural del funcionamiento de la psique humana. Es un mecanismo de defensa que se produce cuando el ego del individuo se defiende de impulsos o cualidades inconscientes, ya sean positivos o negativos, negando su existencia en sí mismo y atribuyéndoselos a los demás.

- Proyección y la Sombra: La proyección está estrechamente vinculada al concepto de Jung de la Sombra, que comprende las partes de nuestra personalidad que rechazamos o consideramos inaceptables. Cuando estos aspectos de la sombra no se reconocen conscientemente, pueden proyectarse sobre los demás, en particular sobre la pareja en una relación romántica.

- Proyección en las relaciones: En el contexto de las relaciones románticas, la proyección puede dar lugar a malentendidos y conflictos importantes. Por ejemplo, una persona puede proyectar sus propios sentimientos de inadecuación en su pareja, percibiéndola como crítica o insolidaria, cuando en realidad esos sentimientos tienen su origen en sí misma.

- Reconocer y abordar la proyección: El proceso de reconocer y abordar la proyección implica autorreflexión e introspección. Requiere que los individuos miren hacia dentro para comprender sus propios sentimientos y motivaciones, en lugar de atribuírselos a su pareja.

- Enfoques terapéuticos de la proyección: En contextos terapéuticos, a menudo se utilizan técnicas como el diálogo abierto, las prácticas de atención plena y el análisis de los sueños para ayudar a los individuos a reconocer y trabajar sus proyecciones.

En resumen, comprender el concepto de proyección es crucial para el crecimiento personal y el desarrollo de relaciones sanas y auténticas. Reconocer cuándo y cómo nos proyectamos en nuestras parejas puede conducir a interacciones más honestas y empáticas, allanando el camino para una comprensión más profunda de nosotros mismos y de nuestras relaciones. Las siguientes secciones profundizarán en la mecánica de la proyección en las relaciones románticas y proporcionarán una guía práctica para identificar y superar este fenómeno psicológico.

Cómo se proyectan mutuamente las parejas

La proyección en la pareja es un fenómeno común y comprenderlo puede tener un profundo impacto en la salud y la dinámica de una relación. Cuando los miembros de la pareja se proyectan, esencialmente están viendo en el otro aspectos de sí mismos de los que no son plenamente conscientes o con los que no se sienten cómodos. Esto puede dar lugar a una compleja interacción de emociones y comportamientos que, si no se comprenden y gestionan, pueden crear barreras a la intimidad y la comprensión.

- Proyección de problemas personales no resueltos: A menudo, las personas proyectan en sus parejas problemas personales no resueltos. Por ejemplo, una persona con problemas de abandono no resueltos puede percibir a su pareja como distante o poco comprometida, aunque no sea así.

- Proyección de aspectos sombríos: La pareja puede proyectar en el otro sus aspectos sombríos, es decir, las partes de su personalidad que rechaza o no reconoce. Por ejemplo, si uno de los miembros de la pareja lucha con sentimientos de celos pero no reconoce este rasgo en sí mismo, puede acusar a su pareja de ser celoso.

- Repetición de patrones pasados: Muchas veces, los individuos proyectan inconscientemente en sus parejas roles o dinámicas de su pasado. Una persona puede, por ejemplo, proyectar las características de un padre en su pareja, reproduciendo viejas dinámicas familiares en la relación.

- Desviación de los propios sentimientos: La proyección también puede ser una forma de desviar sentimientos incómodos sobre uno mismo. Un miembro de la pareja puede acusar al otro de estar enfadado o infeliz para evitar enfrentarse a su propio enfado o infelicidad.

- Desencadenar las proyecciones del otro: En una relación, los miembros de la pareja pueden desencadenar las proyecciones del otro, a menudo sin saberlo. El comportamiento de uno de los miembros de la pareja puede activar problemas no resueltos en el otro, dando lugar a un ciclo de proyección y reacción.

- Reconocer y manejar las proyecciones: Es importante que las parejas aprendan a reconocer cuándo están proyectando. Esto a menudo implica una autorreflexión honesta y una comunicación abierta. Reconocer y discutir estas proyecciones puede conducir a una mayor comprensión e intimidad.

Comprender cómo funciona la proyección en las relaciones es un paso crucial hacia conexiones más sanas y genuinas. Anima a la pareja a mirar hacia dentro, a comprender mejor su propia psique y a comunicarse más eficazmente con el otro. El camino hacia el reconocimiento y la gestión de las proyecciones puede suponer un reto, pero es muy gratificante y conduce a una relación más empática y auténtica.

Reconocer y gestionar las proyecciones en una relación

Reconocer y manejar las proyecciones es una habilidad vital para mantener una relación sana y auténtica. Las proyecciones pueden distorsionar las percepciones y crear malentendidos, provocando conflictos y una falta de conexión genuina. He aquí algunos aspectos clave para reconocer y gestionar las proyecciones en una relación:

- Señales de proyección: El primer paso para controlar las proyecciones es reconocer que se producen. Las señales incluyen reacciones emocionales fuertes al comportamiento de la pareja, ver rasgos propios no reconocidos en la pareja y patrones repetidos de culpa o crítica.

- Autorreflexión y conciencia: La autoconciencia es crucial para identificar las proyecciones. Implica reflexionar sobre los propios sentimientos y reacciones y preguntarse si realmente tienen que ver con la pareja o reflejan los propios problemas internos.

- Comunicación abierta: Una vez que se reconoce una proyección, es importante comunicarla abiertamente. Esto no significa acusar a la pareja de causar esos sentimientos, sino compartir el propio proceso de darse cuenta y las emociones que surgen.

- Comprender el origen de las proyecciones: Comprender de dónde proceden las proyecciones -a menudo experiencias pasadas, conflictos no resueltos o aspectos del yo en la sombra- es clave para gestionarlas. Esta comprensión puede obtenerse a través de la autorreflexión, la terapia o incluso las conversaciones abiertas con la pareja.

- Desarrollar la empatía: Desarrollar la empatía con la pareja es esencial para superar las proyecciones. Esto significa intentar comprender la perspectiva y los sentimientos de la pareja sin la distorsión de los propios problemas proyectados.

- Esfuerzos conjuntos para superar las proyecciones: Manejar las proyecciones en una relación no es una tarea solitaria. Implica que ambos miembros de la pareja trabajen juntos para comprender y abordar los problemas subyacentes, apoyándose mutuamente en el proceso.

- Ayuda profesional: A veces, la ayuda externa de un

terapeuta o consejero puede proporcionar la orientación necesaria para reconocer y gestionar eficazmente las proyecciones, especialmente si están muy arraigadas.

Al reconocer y gestionar las proyecciones, las parejas pueden avanzar hacia una relación más honesta y comprensiva. Este proceso no sólo mejora la dinámica de la relación, sino que también contribuye al crecimiento personal y al autoconocimiento de cada individuo.

***

- Consulta la sección correspondiente del *Diario y cuaderno de trabajo del trabajo en la sombra para parejas* y completa los ejercicios. Reflexiona sobre tus percepciones, aplica los conceptos y explora tus experiencias personales. Dedicar este tiempo a la autorreflexión mejorará tu viaje.

Integración

ARMONIZAR LA SOMBRA PARA UNA RELACIÓN PLENA

"Tus visiones se volverán claras sólo cuando puedas mirar dentro de tu propio corazón. Quien mira fuera, sueña; quien mira dentro, despierta". - Carl Jung

El capítulo 4, "Integración", profundiza en un aspecto crucial de la psicología junguiana y su aplicación a las relaciones: la integración de la sombra. Este proceso implica reconocer, aceptar e incorporar los aspectos repudiados e inconscientes de nosotros mismos a nuestra identidad consciente. En el contexto de una relación romántica, la integración es esencial para la autenticidad, la intimidad emocional y la armonía relacional.

En este capítulo, exploramos el viaje que supone reconocer nuestros aspectos sombríos, comprender su influencia en nuestro comportamiento y nuestras relaciones, y aprender a integrar estas partes de forma constructiva. La integración no consiste en eliminar la sombra, sino en transformar nuestra relación con ella, lo que conduce a una mayor autocomprensión y a una relación de pareja más armoniosa.

A través de la psicología de Jung, este capítulo le guiará a usted y a su pareja por un camino de autodescubrimiento. Al abrazar las partes de nosotros mismos que antes habíamos ignorado o reprimido, abrimos la puerta a un profundo crecimiento personal y a conexiones más profundas y auténticas con nuestra pareja. La integración es un paso clave hacia una relación no sólo amorosa, sino también profundamente arraigada en la comprensión y la aceptación mutuas.

El proceso de integración de la sombra

Integrar la sombra es un proceso fundamental de la psicología junguiana, esencial para el crecimiento personal y el desarrollo de relaciones sanas y auténticas. Implica reconocer y abrazar las partes de nosotros mismos que consciente o inconscientemente hemos rechazado o ignorado. Este proceso no sólo es transformador para las personas, sino que también afecta profundamente a la dinámica de una relación sentimental.

- Reconocimiento de la sombra: El primer paso en la integración de la sombra es reconocer su existencia. Esto implica una autoevaluación honesta para reconocer los rasgos, impulsos y emociones que uno ha estado negando o reprimiendo.

- Comprender la sombra: Es fundamental comprender la naturaleza de la sombra. Esto incluye explorar sus orígenes -a menudo arraigados en experiencias vitales tempranas- y comprender cómo ha influido en el comportamiento y los patrones de relación de cada uno.

- Aceptación y compasión: Aceptar la sombra implica un reconocimiento sin prejuicios de estas partes reprimidas. Requiere una actitud compasiva hacia uno mismo, comprendiendo que estos aspectos, por muy desafiantes que sean, forman parte de la experiencia humana.

- Diálogo con la sombra: Entablar un diálogo interior con la sombra puede ser una poderosa herramienta de integración. Esto puede implicar prácticas reflexivas como el diario, la meditación o la terapia, en las que uno se comunica conscientemente con la sombra y la escucha.

- Prácticas transformadoras: Los pasos prácticos para integrar la sombra incluyen ejercicios de atención plena, expresión artística y técnicas terapéuticas. Estas prácticas ayudan a traer la sombra a la conciencia y a encontrar formas constructivas de expresar estos aspectos reprimidos.

- Impacto en las relaciones: En las relaciones, la integración de la sombra puede llevar a una reducción de las proyecciones, a menos conflictos y a un nivel más profundo de comprensión y empatía entre los miembros de la pareja. Al asumir la propia sombra, las personas pueden interactuar con sus parejas de forma más auténtica y compasiva.

- Proceso continuo: La integración no es un acontecimiento puntual, sino un proceso continuo. Requiere una autoconciencia y un esfuerzo continuos para mantener el equilibrio entre los aspectos conscientes e inconscientes del yo.

Integrar la sombra es un viaje hacia la aceptación de todo el espectro de la personalidad. Permite a las personas ser más íntegras y auténticas, tanto dentro de sí mismas como en sus relaciones. Este capítulo proporciona una hoja de ruta para comprender y comprometerse con este proceso transformador, destacando su profundo impacto en el bienestar personal y en la calidad de las relaciones sentimentales.

Beneficios de la integración en el crecimiento personal y relacional

La integración de la sombra, un concepto central de la psicología junguiana, ofrece beneficios significativos tanto para el desarrollo personal como para el crecimiento de las relaciones. Al abrazar e integrar la sombra -los aspectos reprimidos, ignorados o no declarados de nuestra personalidad- podemos lograr un yo más completo y auténtico. Este proceso tiene profundas implicaciones no sólo para el bienestar individual, sino también para la salud y la profundidad de las relaciones románticas.

- Mayor conciencia de uno mismo: Integrar la sombra conduce a un mayor conocimiento de uno mismo. Comprender toda la gama de emociones, motivaciones y deseos, incluidos los que antes estaban ocultos en la sombra, permite tener un sentido más auténtico y completo de uno mismo.

- Mayor autoaceptación: A medida que los individuos reconocen y aceptan sus aspectos sombríos, desarrollan una actitud más compasiva y de aceptación hacia sí mismos. Esta autoaceptación es crucial para el bienestar personal y la autoestima.

- Reducción de la proyección: Un beneficio significativo en las relaciones es la reducción de la proyección. Cuando los individuos reconocen sus propios aspectos sombríos, es menos probable que proyecten estas cualidades en sus parejas, lo que conduce a menos malentendidos y conflictos.

- Intimidad emocional más profunda: El proceso de integración de las sombras fomenta la vulnerabilidad y la honestidad. A medida que la pareja comparte y acepta no sólo sus puntos fuertes, sino también sus debilidades y miedos, desarrolla una intimidad emocional y una confianza más profundas.

- Relaciones más auténticas: La integración permite que las personas se muestren más auténticas en sus relaciones. Cuando ambos miembros de la pareja abrazan la totalidad de su ser, la relación se basa en la comprensión y la aceptación genuinas.

- Crecimiento y madurez personal: Integrar la sombra es un paso clave en el desarrollo personal y la madurez. Implica enfrentarse a verdades incómodas, desafiar patrones arraigados y crecer más allá de ellos.

- Mejora de la dinámica de las relaciones: A medida que los individuos se vuelven más integrados y completos, sus relaciones se vuelven naturalmente más sanas y equilibradas. Esto puede conducir a una relación de pareja más armoniosa y satisfactoria.

- Resolución de conflictos: Con una comprensión más profunda de sí mismos y de sus parejas, los individuos están mejor equipados para navegar y resolver conflictos de forma constructiva.

En conclusión, la integración de la sombra es un proceso transformador que aporta importantes beneficios tanto a las personas como a sus relaciones. Fomenta un nivel de autenticidad, comprensión y conexión que constituye la base de una relación fuerte, sana y en evolución.

Técnicas y ejemplos de la obra de Jung

La obra de Carl Jung proporciona varias técnicas para integrar la sombra, cada una de ellas diseñada para traer aspectos inconscientes a la conciencia. Estos métodos no sólo ayudan al crecimiento personal, sino que también ofrecen una visión profunda que puede mejorar la dinámica de las relaciones. He aquí algunas de las técnicas clave de Jung, acompañadas de ejemplos que ilustran su aplicación:

- Imaginación activa: Esta técnica implica comprometerse con el inconsciente en un estado meditativo. Permite a las personas dialogar con distintos aspectos de su psique, incluida la sombra. Por ejemplo, Jung solía animar a sus pacientes a conversar con los personajes de sus sueños, tratándolos como entidades reales con sus propias voces e historias.

- Análisis de los sueños: Jung veía los sueños como comunicaciones directas del inconsciente. El análisis de los sueños puede proporcionar información sobre la propia sombra. Por ejemplo, un sueño en el que se es perseguido puede revelar aspectos de uno mismo de los que el soñador huye o ignora.

- Representación simbólica: Las expresiones artísticas como el dibujo, la pintura o la escultura pueden utilizarse para representar y explorar aspectos de la sombra. Por ejemplo, crear una obra de arte que encarne una emoción reprimida puede ayudar a comprender e integrar esa emoción.

- Escribir un diario: Escribir sobre pensamientos, sentimientos y sueños puede ayudar a aclarar los aspectos de la sombra. El propio Jung llevaba un detallado Libro Rojo en el que anotaba sus sueños e imaginaciones activas, lo que fue decisivo en su proceso de autodescubrimiento y en el desarrollo de sus teorías.

- Explorar los arquetipos: Involucrarse con los arquetipos universales identificados por Jung (como el Héroe, la Sombra, el Anima/Animus) puede iluminar aspectos de la sombra. Por ejemplo, reconocer los rasgos del "Anima" o el "Animus" en uno mismo puede revelar cómo la dinámica de género influye en la personalidad y las relaciones.

- Diálogo terapéutico: En terapia, hablar de la historia personal y de los patrones recurrentes puede revelar elementos de la sombra. Los terapeutas formados en psicología junguiana suelen utilizar los relatos y experiencias del paciente como puerta de entrada a la exploración de su inconsciente.

- Meditación y atención plena: Prácticas como la meditación y la atención plena crean un espacio para la autorreflexión y la toma de conciencia, cruciales para reconocer e integrar la sombra.

- Proceso de individuación: Este viaje global implica esforzarse continuamente por equilibrar e integrar todas las partes de la psique, incluida la sombra, en un todo cohesionado.

Estas técnicas, arraigadas en la profunda comprensión de Jung sobre la psique humana, ofrecen valiosas vías para las personas que buscan integrar su sombra. A su vez, esta integración beneficia significativamente el crecimiento personal y la salud de las relaciones íntimas. A través de estas prácticas, las personas pueden alcanzar una mayor sensación de plenitud, autenticidad y conexión consigo mismas y con sus parejas.

***

- Consulta la sección correspondiente del *Diario y cuaderno de trabajo del trabajo en la sombra para parejas* y completa los ejercicios. Reflexiona sobre tus percepciones, aplica los conceptos y explora tus experiencias personales. Dedicar este tiempo a la autorreflexión mejorará tu viaje.

Individuación

FOMENTAR EL CRECIMIENTO INDIVIDUAL DENTRO DE UNA ASOCIACIÓN UNIFICADA

> "Individuación significa llegar a ser un ser único y homogéneo, y, en la medida en que "individualidad" abarca nuestra más íntima, última e incomparable singularidad, implica también llegar a ser uno mismo." - Carl Jung

El capítulo 5, "La individuación", se centra en una de las aportaciones más significativas de Carl Jung a la psicología y el desarrollo personal. La individuación es el proceso de tomar conciencia de uno mismo e integrar los distintos aspectos de la personalidad para convertirse en una persona completa e individual. Este viaje no sólo tiene que ver con el crecimiento personal; es crucial para el desarrollo de relaciones sanas y auténticas.

En el contexto de una relación, la individuación implica que ambos miembros de la pareja crezcan hacia su yo más auténtico, lo que paradójicamente permite una conexión más profunda y genuina con el otro. Este capítulo profundiza en el viaje hacia la individuación, examinando cómo afecta a cada individuo y a la relación como unidad.

Esta exploración proporcionará una visión del equilibrio entre el crecimiento personal y la armonía relacional. Guiará a las parejas a través de las complejidades de apoyarse mutuamente en el camino individual y, al mismo tiempo, alimentar el camino compartido. Comprender y comprometerse en el proceso de individuación puede conducir a una relación de pareja más satisfactoria y significativa, en la que ambas personas se sientan vistas, escuchadas y valoradas por su verdadero yo.

El viaje hacia la individuación

El viaje hacia la individuación es un concepto central de la psicología junguiana, que representa un proceso de autodescubrimiento y desarrollo personal. Implica la integración de varios aspectos de la personalidad para lograr una sensación de totalidad. Este viaje no es sólo un esfuerzo individual; en el contexto de una relación romántica, desempeña un papel crucial en la forma en que los miembros de la pareja se relacionan y comprenden mutuamente.

- Comprensión de uno mismo: La individuación comienza con una profunda comprensión de uno mismo. Esto incluye reconocer y aceptar los puntos fuertes, las debilidades, los deseos, los miedos y los aspectos inconscientes de la psique.

- Enfrentarse a la sombra: Una parte clave de la individuación implica enfrentarse a la sombra, las partes no reconocidas o rechazadas de la personalidad. Este paso es crucial para el crecimiento, ya que evita proyectar estos aspectos en la pareja.

- Integración de los opuestos: la individuación implica reconciliar las fuerzas opuestas dentro de la psique, como los aspectos masculino y femenino (animus y anima), las tendencias racionales e irracionales, y los elementos conscientes e inconscientes.

- Desarrollo de la autonomía personal: A través de la individuación, los individuos desarrollan una mayor autonomía y un sentido más claro de sus valores y creencias. Esta autonomía permite relaciones más sanas y equilibradas.

- El papel de los sueños y los símbolos: Los sueños y los símbolos desempeñan un papel importante en el proceso de individuación. Pueden proporcionar una visión de los aspectos más profundos de la psique y guiar el crecimiento personal.

- Proceso continuo: La individuación no es un destino, sino un viaje continuo de autoexploración y desarrollo. Evoluciona con el tiempo, en paralelo a las experiencias vitales y las relaciones personales.

- Impacto en las relaciones: A medida que las personas avanzan hacia la individuación, sus relaciones pueden volverse más auténticas y profundas. Las parejas que se implican en sus procesos de individuación pueden apoyarse mutuamente en su crecimiento, lo que conduce a una relación más armoniosa y satisfactoria.

- Navegar por la dinámica de las relaciones: El proceso de individuación requiere que los individuos naveguen cuidadosamente por la dinámica de su relación, asegurándose de que el crecimiento personal mejora la relación en lugar de entrar en conflicto con ella.

En resumen, el viaje hacia la individuación es un camino profundamente personal, pero importante desde el punto de vista relacional. Fomenta el autoconocimiento, el crecimiento personal y una conexión más profunda y genuina con la pareja. Para las parejas, comprenderse y apoyarse mutuamente en este viaje puede ser una profunda fuente de fuerza y armonía en la relación.

Equilibrar la individuación y la intimidad en las relaciones de pareja

Equilibrar el viaje de la individuación con el mantenimiento de la intimidad en una relación es una tarea delicada y esencial. La individuación, el proceso de convertirse en un individuo integrado y plenamente realizado, a veces puede parecer contradictoria con la cercanía y la identidad compartida que fomenta una relación.

Sin embargo, si se recorren con cuidado, estos dos caminos pueden complementarse y enriquecerse mutuamente.

- Comprender la interacción: Es importante comprender que la individuación y la intimidad no se excluyen mutuamente. De hecho, un yo más individualizado puede conducir a una intimidad más profunda y auténtica. A medida que los miembros de la pareja son más conscientes de sus propias complejidades y las aceptan mejor, pueden relacionarse de forma más genuina.

- Mantener la individualidad: Aunque una relación implica cierto grado de fusión, es fundamental mantener los intereses, aficiones y búsquedas individuales. Esta individualidad enriquece a cada miembro de la pareja y aporta nuevas energías y perspectivas a la relación.

- Apoyar el crecimiento del otro: Los miembros de una relación deben esforzarse por ser aliados en el camino del crecimiento personal. Esto significa alentar los sueños del otro, respetar la necesidad de espacio personal del otro y estar abierto a los cambios del otro.

- Comunicación y límites: La comunicación abierta y honesta es clave para equilibrar la individuación y la intimidad. Hablar de las necesidades personales, los límites y el crecimiento ayuda a comprenderse mejor y fomenta un entorno de apoyo.

- Objetivos y valores compartidos: Al tiempo que se apoyan las trayectorias individuales, también es importante compartir objetivos y valores que unan la relación. Estos puntos en común crean un sentido de asociación y dirección.

- Intimidad emocional: La intimidad emocional debe alimentarse junto con el crecimiento personal. Compartir sentimientos, vulnerabilidades y percepciones del propio proceso de individuación puede profundizar la conexión emocional.

- Superar los cambios: A medida que las personas crecen, las relaciones cambian inevitablemente. Acoger estos cambios y adaptarse a ellos forma parte del mantenimiento de una relación sana y dinámica.

- Papel de la reflexión y la adaptación: Es crucial reflexionar periódicamente sobre cómo se mantiene el equilibrio y adaptarse si es necesario. Esto puede implicar revisiones periódicas o terapia de pareja.

En esencia, equilibrar la individuación y la intimidad en una relación consiste en fomentar una conexión en la que ambos miembros de la pareja se sientan libres para explorar su verdadero yo, manteniendo al mismo tiempo un vínculo profundo y empático con el otro. Este equilibrio conduce a una relación que no sólo es de apoyo y amor, sino que también vibra con el crecimiento y la singularidad de cada miembro de la pareja.

Perspectivas de Jung sobre las etapas de individuación

El concepto de individuación de Carl Jung incluye varias etapas, cada una de las cuales representa un paso hacia la consecución de una personalidad plenamente integrada. La comprensión de estas etapas puede aportar valiosas ideas sobre el desarrollo personal y cómo este crecimiento se cruza con las relaciones románticas y las enriquece.

- Confrontación con la sombra: La primera etapa implica enfrentarse a la sombra, la parte de la psique que contiene ideas e instintos reprimidos. Reconocer y aceptar estos aspectos ocultos es esencial para el crecimiento. En las relaciones, esto puede significar reconocer rasgos que no nos gustan de nosotros mismos en lugar de proyectarlos en nuestra pareja.

- Tratar con la persona: El personaje es la cara social que se presenta al mundo. Esta etapa implica diferenciar el personaje del verdadero yo. En el caso de las parejas, esto puede implicar reconocer y superar los papeles que desempeñan en su relación, revelándose mutuamente su yo más auténtico.

- Encuentro con el Anima/Animus: Jung identificó el ánima y el ánimus como los aspectos femenino y masculino presentes en cada individuo, respectivamente. Integrar estos aspectos conduce a una comprensión más equilibrada de uno mismo y del sexo opuesto. En una relación, esto puede profundizar la empatía y la comprensión entre los miembros de la pareja.

- Integración del Yo: La etapa final es la integración del Yo, que representa la unidad de la mente consciente e inconsciente. Alcanzar esta etapa aporta una sensación de totalidad y autenticidad. En las relaciones, esto puede manifestarse como una conexión madura y fundamentada, basada en la comprensión y la aceptación verdaderas.

- Proceso continuo: Es importante tener en cuenta que la individuación es un proceso continuo que dura toda la vida. Cada etapa ofrece oportunidades de aprendizaje y crecimiento, tanto individualmente como en el contexto de una relación.

- Desafíos y transformación: Cada etapa de la individuación puede presentar desafíos, que requieren introspección y, a veces, cambios difíciles. Para las parejas, superar estos retos juntos puede fortalecer su vínculo y facilitar el crecimiento mutuo.

- Impacto en las relaciones: A medida que los individuos progresan a través de las etapas de individuación, sus relaciones a menudo se vuelven más genuinas y profundas. Las parejas que participan en sus propios procesos de individuación pueden apoyarse mutuamente, lo que conduce a una relación dinámica y satisfactoria.

Las ideas de Jung sobre los estadios de individuación proporcionan una hoja de ruta para el desarrollo personal. Para las parejas, comprender y apoyarse mutuamente a través de estas etapas puede conducir a una conexión más profunda y a una relación más auténtica y armoniosa.

***

- Consulta la sección correspondiente del *Diario y cuaderno de trabajo del trabajo en la sombra para parejas* y completa los ejercicios. Reflexiona sobre tus percepciones, aplica los conceptos y explora tus experiencias personales. Dedicar este tiempo a la autorreflexión mejorará tu viaje.

Ambigüedad moral

NAVEGAR JUNTOS POR LAS COMPLEJIDADES ÉTICAS

> "El péndulo de la mente oscila entre el sentido y el sinsentido, no entre el bien y el mal". - Carl Jung

El capítulo 6, "Ambigüedad moral", ahonda en la compleja intersección entre la moral, la sombra y las relaciones. En la vida y en el amor, a menudo surgen situaciones que carecen de respuestas éticas claras, presentándonos ambigüedades morales que desafían nuestra comprensión y nuestra toma de decisiones. Las ideas de Carl Jung sobre la psique humana ofrecen una valiosa perspectiva para navegar por estas zonas grises, especialmente en el contexto íntimo de una relación romántica.

Este capítulo explora el concepto de ambigüedad moral a través de la lente de la psicología de Jung, centrándose en cómo las parejas pueden navegar por dilemas éticos y valores en conflicto. Examina cómo nuestro yo en la sombra, esas partes de nosotros que tal vez no reconozcamos o comprendamos del todo, pueden influir en nuestros juicios morales y en las interacciones con nuestras parejas.

Comprender y abordar la ambigüedad moral es crucial para mantener una relación sana, honesta y madura. Requiere autorreflexión, comunicación abierta y la voluntad de aceptar la complejidad de la naturaleza humana. Al explorar juntos la ambigüedad moral, las parejas pueden fortalecer su vínculo, desarrollar una empatía más profunda y forjar una conexión más auténtica basada en la comprensión y el respeto mutuos.

Explorar la ambigüedad moral en el contexto de la sombra

La ambigüedad moral, cuando se examina a través de la lente de la psicología junguiana, a menudo se entrelaza con el concepto de la sombra, la parte inconsciente de nuestra personalidad que contiene debilidades, instintos y deseos reprimidos. Explorar la ambigüedad moral en el contexto de la sombra es crucial para comprender la complejidad de nuestras decisiones morales, especialmente en las relaciones íntimas.

- Influencia de la sombra en la moralidad: La sombra suele albergar aspectos de nosotros mismos de los que no estamos orgullosos o que entran en conflicto con nuestros valores morales conscientes. Esto puede incluir pensamientos prejuiciosos, deseos egoístas o impulsos agresivos. Estos aspectos ocultos pueden influir significativamente en nuestros juicios morales y comportamientos.

- Proyección de juicios morales: Al igual que proyectamos en los demás aspectos no deseados de nuestra personalidad, también podemos proyectar nuestras ambigüedades morales. Por ejemplo, podemos juzgar duramente a una pareja por comportamientos o actitudes que, inconscientemente, encontramos objetables en nosotros mismos.

- Conciliar conflictos internos: La ambigüedad moral en el contexto de la sombra a menudo surge de un conflicto interno entre nuestros valores conscientes y nuestros deseos o creencias inconscientes. Reconocer y reconciliar estos conflictos es clave para el crecimiento personal y el desarrollo ético.

- Comprender la complejidad moral: Reconocer la sombra ayuda a comprender la complejidad de la moralidad humana. Nos permite ver más allá de los juicios morales en blanco y negro y apreciar los matices en nosotros mismos y en nuestros interlocutores.

- Empatía y compasión: Al explorar el lado oculto de nuestra moralidad, podemos desarrollar una mayor empatía y compasión, tanto hacia nosotros mismos como hacia nuestras parejas. Comprender que todos nos enfrentamos a ambigüedades morales ayuda a fomentar una relación más comprensiva y solidaria.

- Crecimiento personal y dinámica de las relaciones: A medida que los individuos trabajan con sus ambigüedades morales y aspectos sombríos, a menudo experimentan un crecimiento personal. Este crecimiento puede conducir a una dinámica de relación más sana y honesta, en la que los miembros de la pareja pueden debatir cuestiones morales abiertamente y sin juzgar.

- Navegar juntos por dilemas éticos: Para las parejas, explorar juntos la ambigüedad moral puede ser una oportunidad para profundizar en la comprensión mutua y fortalecer su vínculo. Fomenta debates sinceros sobre valores, ética y creencias personales.

En resumen, explorar la ambigüedad moral en el contexto de la sombra es un proceso vital para los individuos y las parejas que luchan por la autenticidad y la profundidad en sus relaciones. Implica enfrentarse a verdades incómodas, cuestionar los prejuicios personales y desarrollar una comprensión más matizada de la moralidad y el comportamiento humano.

Dilemas éticos en las relaciones de pareja

Resolver los dilemas éticos en las relaciones es un aspecto fundamental para mantener una relación de pareja sana, respetuosa y comprensiva. Estos dilemas suelen surgir cuando los miembros de la pareja se enfrentan a situaciones en las que sus brújulas morales apuntan en direcciones diferentes, o cuando los valores individuales chocan. Manejar estas situaciones con eficacia requiere un delicado equilibrio de comunicación, empatía y respeto mutuo.

- Comunicación abierta y honesta: La base para navegar por los dilemas éticos es una comunicación abierta y honesta. Los miembros de la pareja deben sentirse seguros para expresar sus opiniones, sentimientos y preocupaciones sin temor a ser juzgados. Esto incluye discutir por qué ciertas cuestiones son moralmente significativas para cada individuo.

- Comprender y respetar las diferencias: Es importante reconocer que cada miembro de la pareja puede tener valores y perspectivas éticas diferentes. Comprender y respetar estas diferencias es fundamental, aunque no siempre sea posible llegar a un acuerdo.

- Empatía y toma de perspectiva: Intentar ver el dilema desde el punto de vista del otro puede ser esclarecedor. La empatía permite apreciar la complejidad de la cuestión y las emociones implicadas.

- Encontrar puntos en común: Aunque algunos dilemas éticos pueden no tener una resolución clara, encontrar un terreno común o áreas de acuerdo puede ayudar a alcanzar un compromiso o entendimiento.

- Priorizar la relación: En algunos casos, la pareja puede optar por dar prioridad a la salud y el bienestar de su relación por encima de ganar una discusión ética. Esto no significa sacrificar los propios valores, sino reconocer el valor de la propia relación.

- Buscar orientación externa: A veces, recurrir a un tercero neutral, como un terapeuta o consejero, puede ayudar a resolver dilemas éticos especialmente difíciles. Pueden aportar una nueva perspectiva y mediar en las discusiones.

- Reflexionar sobre el crecimiento personal: Los dilemas éticos, aunque desafiantes, pueden ser oportunidades para el crecimiento personal y relacional. Animan a los individuos a reflexionar profundamente sobre sus valores, creencias y el tipo de relación que aspiran a tener.

- Soluciones a largo plazo: En los casos en que los dilemas

éticos son recurrentes, puede ser necesario discutir soluciones a largo plazo o estrategias para manejar estos desacuerdos de una manera saludable.

Navegar por los dilemas éticos en las relaciones no consiste sólo en resolver conflictos; se trata de acercarse a través de la comprensión, el respeto y los valores compartidos. Al gestionar eficazmente estos desafíos, las parejas pueden construir una relación más fuerte y resistente.

La perspectiva de Jung sobre la moral y la psique

La perspectiva de Carl Jung sobre la moralidad está profundamente entrelazada con sus conceptos de la psique y el inconsciente colectivo. Jung no veía la moralidad como un conjunto de normas rígidas impuestas desde el exterior, sino más bien como un aspecto intrínseco de la psique humana, que evoluciona tanto a partir de las experiencias personales como de la historia colectiva de la humanidad. Sus ideas arrojan luz sobre cómo se desarrolla la moralidad en los individuos y, por extensión, en sus relaciones.

- La moral como experiencia interior: Para Jung, la moral no es sólo una construcción social, sino una experiencia interior. Creía que la comprensión moral y el comportamiento surgen de las profundidades del inconsciente y están influidos por las experiencias personales y el inconsciente colectivo.

- El papel de la sombra en la moralidad: Jung consideraba que la sombra, que contiene ideas e impulsos reprimidos, desempeña un papel crucial en la forma en que los individuos afrontan las cuestiones morales. Reconocer e integrar la sombra es vital para adoptar una postura moral auténtica, ya que evita proyectar las propias carencias morales en los demás.

- El inconsciente colectivo y la moral: El concepto de Jung del inconsciente colectivo, una reserva de experiencias y arquetipos humanos, sugiere que nuestros instintos morales también están influidos por la historia y las experiencias humanas compartidas. Este aspecto colectivo configura nuestro sentido del bien y del mal más allá de las experiencias personales y culturales.

- Individuación y desarrollo moral: Jung consideraba que el proceso de individuación, la integración de diversos aspectos de la psique, era clave para el desarrollo moral. A través de este proceso, los individuos desarrollan una brújula moral personal matizada y profundamente conectada con su auténtico yo.

- Relativismo ético y absolutismo: El enfoque de Jung sobre la moralidad abarca aspectos tanto del relativismo ético como del absolutismo. Aunque reconocía la naturaleza subjetiva de la experiencia moral, también creía en ciertos principios éticos universales incrustados en el inconsciente colectivo.

- Conflictos morales y crecimiento personal: Jung creía que los conflictos morales son esenciales para el crecimiento personal. Enfrentarse a dilemas morales y luchar con ellos forma parte del viaje hacia la plenitud psicológica.

- Implicaciones para las relaciones: En el contexto de las relaciones, la perspectiva de Jung sobre la moralidad anima a la pareja a explorar sus propias creencias morales, comprender sus orígenes y respetar los puntos de vista morales del otro. Este proceso puede conducir a una comprensión mutua más profunda y a una conexión más auténtica.

Comprender la perspectiva de Jung sobre la moralidad ofrece valiosas perspectivas sobre la compleja naturaleza de las creencias y los comportamientos éticos en contextos personales y relacionales. Favorece un enfoque profundo e introspectivo de las cuestiones morales, fomentando la autenticidad personal y la armonía relacional.

✳✳✳

- Consulta la sección correspondiente del *Diario y cuaderno de trabajo del trabajo en la sombra para parejas* y completa los ejercicios. Reflexiona sobre tus percepciones, aplica los conceptos y explora tus experiencias personales. Dedicar este tiempo a la autorreflexión mejorará tu viaje.

Encuentro con el yo

DESCUBRIR LA AUTENTICIDAD PARA UNA INTIMIDAD MÁS PROFUNDA

> "El privilegio de toda una vida es convertirte en quien realmente eres". - Carl Jung

El capítulo 7, "Encuentro con el Yo", profundiza en uno de los conceptos más profundos y transformadores de la psicología analítica de Carl Jung: el encuentro con el Yo. El "Yo", en términos junguianos, representa la totalidad de la psique, abarcando tanto la mente consciente como la inconsciente. Es el arquetipo de la totalidad y la fuerza que guía el proceso de individuación.

En este capítulo, exploramos el viaje de encuentro y comprensión del verdadero Yo, un viaje esencial no sólo para el crecimiento personal, sino también para la profundización de las relaciones íntimas. Este proceso implica pelar las capas de la persona (la máscara social), integrar la sombra (los aspectos reprimidos de la personalidad) y equilibrar el ánima y el ánimus (los aspectos femeninos y masculinos internos).

Para las parejas, el encuentro con el Yo puede ser una poderosa experiencia compartida. Permite a cada miembro de la pareja comprender y abrazar su yo pleno, lo que conduce a una conexión más genuina y profunda. Este capítulo le guiará a través de las etapas de este encuentro, ofreciéndole ideas sobre cómo este proceso puede mejorar tanto el desarrollo personal como la dinámica de una relación romántica. Al comprometerse con el verdadero Yo, la pareja puede fomentar una relación profundamente arraigada en la autenticidad, la comprensión mutua y la conexión empática.

Encontrar y comprender el verdadero yo

El encuentro y la comprensión del verdadero Yo es un aspecto fundamental de la psicología junguiana y un viaje crucial en el desarrollo personal y la profundidad relacional. Este proceso implica ahondar en las partes más profundas de la psique, más allá del ego consciente, para descubrir y abrazar el núcleo de lo que realmente somos.

- El concepto del Yo Verdadero: En términos junguianos, el Yo verdadero es el centro de la psique, que abarca tanto la mente consciente como la inconsciente. Es la parte de nosotros que es auténtica, desenmascarada por la persona (la fachada social) y libre de la sombra (los aspectos reprimidos de nuestra personalidad).

- El viaje hacia el verdadero yo: El encuentro con el verdadero yo es un viaje que requiere introspección, autoexamen y, a menudo, atravesar terrenos emocionales difíciles. Implica enfrentarse a los miedos, prejuicios e ilusiones que tenemos sobre nosotros mismos.

- Integrar el inconsciente: Una parte importante de la comprensión del verdadero yo consiste en integrar los aspectos inconscientes de la psique. Esto incluye reconocer y aceptar la sombra, así como comprender el papel de los sueños y los símbolos como mensajes del inconsciente.

- El papel de la individuación: El proceso de individuación, o llegar a ser totalmente uno mismo, es sinónimo de encuentro con el verdadero Yo. Se trata de reconciliar y armonizar los diversos aspectos opuestos de la psique.

- Implicaciones para las relaciones: En una relación romántica, la comprensión del verdadero Yo tiene profundas implicaciones. Permite la autenticidad y la honestidad en la relación y fomenta una conexión más profunda a medida que la pareja se relaciona con su verdadero yo, más allá de los personajes sociales y las proyecciones.

- Retos y recompensas: El encuentro con el verdadero Yo puede suponer un reto, ya que puede alterar el statu quo de la percepción de uno mismo y de las relaciones. Sin embargo, las recompensas incluyen una vida vivida con autenticidad, un conocimiento más profundo de uno mismo y relaciones más significativas.

- Pasos prácticos: Los pasos prácticos hacia el encuentro con el verdadero Yo incluyen prácticas reflexivas como el diario, la meditación, la expresión creativa y los ejercicios de imaginación activa. Estas prácticas ayudan a descubrir e integrar los distintos aspectos del Ser.

Comprender y encontrarse con el verdadero Ser es una experiencia transformadora que conduce a la liberación personal y a una profunda comprensión del lugar que uno ocupa en el mundo y en las relaciones. Este capítulo te guía a través de este viaje, iluminando el camino hacia una conexión más profunda contigo mismo y con tu pareja.

La teoría del yo de Jung y su relevancia en las relaciones de pareja

La teoría del Yo de Carl Jung es la piedra angular de su marco psicológico y ofrece profundos conocimientos sobre el desarrollo personal y su impacto en las relaciones. En la psicología junguiana, el yo representa el arquetipo central de la totalidad y la unificación de la mente consciente e inconsciente. Comprender este concepto y su relevancia para las relaciones es crucial para lograr conexiones más profundas y significativas.

- El Yo como fuerza guía: Jung consideraba que el Yo era la fuerza rectora de la psique, que impulsa el proceso de individuación. Representa la realización más plena de nuestro potencial y es la fuente de nuestras motivaciones y aspiraciones más profundas.

- El Yo frente al Ego: A diferencia del ego, que es el centro de nuestra identidad consciente, el Yo abarca la totalidad de la psique, incluidos aspectos de los que no somos conscientes. El viaje del ego hacia el reconocimiento y la alineación con el Ser es clave para el crecimiento personal.

- Equilibrio y totalidad: El Ser busca el equilibrio y la totalidad, integrando los diversos aspectos conflictivos de la psique, como la persona, la sombra y el ánima/animus. Esta integración es esencial para lograr una sensación de plenitud.

- Relevancia para las relaciones: En las relaciones, el viaje hacia el Ser puede tener un impacto significativo. A medida que los individuos se esfuerzan por la autorrealización y la plenitud, se vuelven más auténticos y presentes en sus relaciones. Esta autenticidad fomenta conexiones más profundas y genuinas.

- Proyección y el yo: Comprender el propio yo reduce la tendencia a proyectar aspectos inconscientes en la pareja. Esta claridad permite interacciones más sanas y una comunicación más honesta.

- Crecimiento y apoyo mutuos: En una relación, ambos miembros de la pareja pueden apoyarse mutuamente en su viaje hacia el Yo. Este apoyo mutuo fomenta una dinámica de relación en la que ambos individuos pueden crecer y florecer.

- Empatía y comprensión: Reconocer las propias complejidades y luchas en el proceso de autorrealización fomenta la empatía. La pareja se vuelve más comprensiva y compasiva con el viaje del otro.

- Retos y oportunidades: El camino hacia la realización del Ser puede plantear retos en una relación, ya que a menudo implica un cambio y un autoexamen significativos. Sin embargo, estos desafíos presentan oportunidades para fortalecer el vínculo y profundizar la conexión.

La teoría del Yo de Jung dilucida la profunda conexión entre el crecimiento personal y la dinámica de las relaciones. El encuentro y la alineación con el Yo conducen a relaciones más auténticas y satisfactorias, caracterizadas por la comprensión mutua, la empatía y el apoyo. Este capítulo explora cómo los individuos y las parejas pueden recorrer este camino, enriqueciendo tanto sus vidas personales como sus experiencias compartidas.

Historias personales y ejemplos de casos

Para ilustrar el profundo impacto del encuentro con el Yo y su relevancia para las relaciones, esta sección presenta historias personales y ejemplos de casos. Estos relatos ofrecen una visión real de cómo las personas recorren el camino hacia la autorrealización y cómo este proceso influye en sus relaciones sentimentales.

- Historia de Emma y Lucas: Emma, diseñadora gráfica, siempre ha tenido problemas para expresar sus verdaderos sentimientos y a menudo se mostraba siempre alegre y agradable. A través de la terapia y la autorreflexión, empezó a encontrarse con su verdadero yo y se dio cuenta de que necesitaba conexiones emocionales más profundas. Este viaje transformó su relación con Lucas, su pareja, ya que se volvió más abierta y auténtica, lo que condujo a una relación más genuina y satisfactoria.

- El caso de Michael y Sarah: Michael, contable, a menudo estaba dominado por su personalidad en el trabajo, lo que trasladaba a su vida familiar. Su viaje hacia el encuentro con su verdadero Yo le reveló un lado más creativo y sensible. Al abrazar estos aspectos, su relación con Sarah se enriqueció, con actividades creativas compartidas y una intimidad emocional más profunda.

- El viaje de Anna hacia el autodescubrimiento: Soltera en aquel momento, el viaje de Anna hacia el encuentro con su verdadero Yo implicó reconciliarse con sus aspectos sombríos, incluido su miedo a la vulnerabilidad. Este proceso la preparó para una futura relación más sana, ya que aprendió a ser más abierta y sincera con sus sentimientos.

- Transformación de Alex y Jamie: Alex y Jamie, ambos profundamente comprometidos con el crecimiento personal, se apoyaron mutuamente en sus viajes hacia la autorrealización. Este apoyo mutuo les ayudó a navegar por los cambios en la dinámica de su relación, fomentando una comprensión y un aprecio más profundos del verdadero yo de cada uno.

- Perspectivas terapéuticas del Dr. Brown: La Dra. Brown, terapeuta junguiana, comparte las ideas de su práctica, detallando cómo los clientes que se comprometen con su verdadero yo a menudo ven efectos transformadores en sus relaciones. Señala que estas personas desarrollan un sentido más claro de lo que necesitan y desean en una pareja, lo que conduce a relaciones más auténticas y satisfactorias.

Estas historias y casos ejemplifican el poder transformador del encuentro y la comprensión del verdadero Yo. Destacan cómo este viaje no sólo fomenta el crecimiento personal y el autoconocimiento, sino que también enriquece y profundiza profundamente las relaciones románticas. A través de estos relatos, los lectores pueden inspirarse y comprender mejor su propio viaje hacia la autorrealización y el impacto que tiene en sus relaciones de pareja.

***

- Consulta la sección correspondiente del *Diario y cuaderno de trabajo del trabajo en la sombra para parejas* y completa los ejercicios. Reflexiona sobre tus percepciones, aplica los conceptos y explora tus experiencias personales. Dedicar este tiempo a la autorreflexión mejorará tu viaje.

Transformación

NAVEGAR POR EL CAMBIO PERSONAL Y EL CRECIMIENTO DE LAS RELACIONES

> "No soy lo que me pasó, soy lo que elijo llegar a ser". - Carl Jung

El capítulo 8, "Transformación", profundiza en los cambios dinámicos y a menudo profundos que experimentan los individuos y las parejas a través de los procesos de trabajo de sombras, individuación y encuentro con el Yo. En el contexto junguiano, la transformación no consiste simplemente en un cambio; representa un cambio profundo y fundamental en la forma en que los individuos se entienden a sí mismos y se relacionan con los demás, especialmente con sus parejas.

En el ámbito de las relaciones, la transformación puede manifestarse de numerosas maneras: desde la forma en que los miembros de la pareja se comunican y comprenden mutuamente hasta la dinámica fundamental de la propia relación. Este capítulo explora la naturaleza de la transformación, cómo se origina a partir del autoconocimiento profundo y la integración del inconsciente, y su profundo impacto en las relaciones románticas.

El viaje de la transformación es a la vez personal y compartido dentro de una relación. A medida que los individuos evolucionan, crecen y cambian, sus relaciones también lo hacen inevitablemente. Comprender y navegar por estas transformaciones es crucial para mantener una relación sana, vibrante y profundamente conectada. Este capítulo le guiará a través de los procesos de transformación y sus implicaciones para las relaciones, ofreciendo ideas sobre cómo las parejas pueden abrazar y apoyarse mutuamente a través de estos cambios.

El poder transformador del trabajo de sombras

El trabajo con la sombra, un concepto fundamental de la psicología analítica de Carl Jung, se refiere al proceso de explorar e integrar los aspectos inconscientes de la personalidad, a menudo denominados la "sombra". Este trabajo es intrínsecamente transformador, tanto para las personas como para sus relaciones.

- Desvelar el inconsciente: el trabajo con la sombra implica sacar a la luz las partes ocultas de nosotros mismos: rasgos, emociones y recuerdos que han estado reprimidos. Esta revelación suele ser el primer paso de una transformación profunda, ya que permite a las personas enfrentarse a aspectos de sí mismas que han ignorado o negado durante mucho tiempo.

- Mayor autoconciencia y autenticidad: A medida que las personas se comprometen con su sombra, desarrollan un conocimiento más profundo de sí mismas. Este mayor autoconocimiento conduce a una mayor autenticidad en la forma de presentarse e interactuar con los demás, incluida la pareja.

- Reducción de la proyección en las relaciones: Uno de los efectos transformadores del trabajo con la sombra en las relaciones es la reducción de la proyección, es decir, atribuir a la pareja las cualidades inaceptables de uno mismo. Al asumir e integrar estas cualidades, las personas pueden interactuar con sus parejas de forma más honesta y constructiva.

- Mejora de la comunicación y la empatía: Comprender la propia sombra puede mejorar la comunicación y la empatía en las relaciones. Los individuos que reconocen sus propios defectos y luchas suelen estar mejor equipados para comprender y empatizar con los retos de su pareja.

- Resolución de conflictos internos: El trabajo en la sombra suele implicar la resolución de conflictos internos que pueden afectar al bienestar emocional y a la dinámica de las relaciones. Al reconciliar estos conflictos, los individuos pueden encontrar una mayor sensación de paz interior y estabilidad.

- Crecimiento personal y evolución de las relaciones: El crecimiento personal que surge del trabajo en la sombra puede conducir a cambios significativos en la dinámica de las relaciones. Las parejas pueden descubrir que, a medida que evolucionan, su relación se profundiza y se vuelve más resistente y satisfactoria.

- Empoderamiento y autoaceptación: Comprometerse con la sombra puede ser una experiencia de empoderamiento. Anima a los individuos a aceptar todas las partes de sí mismos, fomentando un sentido de integridad que aportan a sus relaciones.

- Superar juntos los retos: Para las parejas, participar conjuntamente en el trabajo con la sombra o apoyarse mutuamente en sus viajes individuales puede ser una forma poderosa de navegar por los retos y cambios de una relación, fortaleciendo el vínculo entre ambos.

En resumen, el poder transformador del trabajo de sombras es profundo y de gran alcance. No sólo cataliza el crecimiento personal y la autocomprensión, sino que también mejora significativamente la calidad y la profundidad de las relaciones románticas. Este capítulo subraya la importancia de abrazar la sombra como camino hacia una relación de pareja más auténtica, empática y conectada.

Cambios en las relaciones a través del autoconocimiento y el crecimiento

El viaje hacia el autoconocimiento y el crecimiento personal conlleva inevitablemente cambios en las relaciones. A medida que los individuos evolucionan, también lo hacen sus interacciones, expectativas y dinámicas con sus parejas. Esta transformación, a menudo resultado de procesos como el trabajo en la sombra y la individuación, puede tener profundas implicaciones en una relación sentimental.

- Profundización de la intimidad emocional: A medida que las personas adquieren conciencia de sí mismas, se vuelven más abiertas y vulnerables con sus parejas. Esta vulnerabilidad puede conducir a una intimidad emocional más profunda, en la que la pareja comparte no sólo sus alegrías y éxitos, sino también sus miedos, inseguridades y debilidades.

- Cambio en los patrones de comunicación: Un mayor conocimiento de uno mismo suele conducir a una comunicación más eficaz y honesta. Las parejas que se comprenden mejor a sí mismas son capaces de expresar sus necesidades y sentimientos con mayor claridad, lo que reduce los malentendidos y los conflictos.

- Redefinición de la dinámica de la relación: El crecimiento personal puede llevar a redefinir los papeles y la dinámica de la relación. A medida que los individuos cambian, pueden buscar cosas diferentes en la relación, lo que lleva a un cambio en la forma en que los miembros de la pareja se relacionan y se apoyan mutuamente.

- Mayor empatía y comprensión: El autoconocimiento fomenta la empatía, lo que permite a los miembros de la pareja comprender mejor las perspectivas y experiencias del otro. Esta comprensión puede crear un entorno de relación más compasivo y solidario.

- Resolución de problemas pasados: El crecimiento personal a menudo implica abordar y resolver problemas del pasado, lo que puede tener un impacto positivo en las relaciones. Al abordar el bagaje personal, las personas pueden evitar que los patrones del pasado afecten negativamente a su relación actual.

- Equilibrio entre independencia e interdependencia: Con

el crecimiento personal, las personas suelen encontrar un mejor equilibrio entre su necesidad de independencia y su deseo de una relación interdependiente y conectada. Este equilibrio es crucial para una relación de pareja sana y satisfactoria.

- Mayor flexibilidad y adaptabilidad: El crecimiento puede conducir a una mayor flexibilidad y adaptabilidad en las relaciones. Las parejas comprometidas con el crecimiento y la superación personal suelen estar más abiertas al cambio y mejor preparadas para afrontar juntas los inevitables retos de la vida.

- Nuevas experiencias compartidas y oportunidades de crecimiento: A medida que ambos miembros de la pareja crecen, pueden explorar juntos nuevas experiencias y oportunidades de crecimiento, lo que puede aportar entusiasmo y vitalidad a la relación.

Los cambios provocados por el autoconocimiento y el crecimiento personal pueden fortalecer y enriquecer una relación. Sin embargo, también pueden plantear retos, ya que puede ser necesario realizar ajustes y adaptaciones. Aceptar estos cambios con apertura, comprensión y compromiso de crecimiento mutuo puede conducir a una relación más auténtica, resistente y profundamente conectada.

Basándose en los conceptos transformadores de Jung

Los conceptos transformadores de Carl Jung proporcionan un rico marco para comprender el crecimiento personal y su impacto en las relaciones. Estos conceptos, profundamente arraigados en la exploración del inconsciente, la individuación y la integración del yo, ofrecen valiosas perspectivas sobre el viaje transformador de individuos y parejas.

- El proceso de individuación: El concepto de Jung de individuación, el proceso de tomar conciencia de uno mismo y alcanzar un sentido de totalidad, es fundamental para la transformación. En las relaciones, este proceso puede llevar a ambos miembros de la pareja a desarrollar un sentido más fuerte de sí mismos, lo que a su vez puede crear una relación más auténtica y equilibrada.

- Integración de la sombra: La integración de la sombra, o de los aspectos inconscientes de la personalidad, es una experiencia transformadora. Reconocer y aceptar estas partes ocultas puede conducir a un crecimiento personal significativo y a una comprensión más profunda en las relaciones, reduciendo las proyecciones y los malentendidos.

- Abrazar los opuestos: Jung hizo hincapié en la importancia de abrazar los opuestos dentro de la psique, como el ánima y el ánimus (los aspectos femenino y masculino). Comprender e integrar estos aspectos puede conducir a un estado interno más armonioso y mejorar las interacciones con la pareja.

- El papel de los símbolos y los sueños: La psicología junguiana concede gran importancia a los símbolos y los sueños como vehículos para comprender la mente inconsciente. En las relaciones, la exploración conjunta de estos símbolos y sueños puede proporcionar información sobre el mundo interior de cada miembro de la pareja, fomentando una conexión y empatía más profundas.

- Transformación a través de la trascendencia: Jung creía en el poder transformador de trascender más allá del ego. En una relación, esto puede significar ir más allá de las necesidades y deseos individuales para abrazar las necesidades de la pareja, lo que lleva a una conexión más desinteresada y compasiva.

- Inconsciente colectivo y experiencias compartidas: El concepto de inconsciente colectivo pone de relieve las experiencias humanas compartidas y los arquetipos. En las relaciones, comprender estos patrones humanos compartidos puede proporcionar una sensación de unidad y conexión.

- Confrontación con el yo: El objetivo último del viaje

transformador de Jung es la confrontación con el yo, una experiencia que conduce a la realización del pleno potencial de cada uno. Para las parejas, esto puede significar apoyarse mutuamente para alcanzar su máximo potencial, tanto individual como conjuntamente.

A partir de los conceptos transformadores de Jung, los individuos y las parejas pueden adquirir una visión profunda de su viaje de crecimiento. Estos conceptos ofrecen herramientas para navegar por las complejidades de la transformación personal y relacional, lo que en última instancia conduce a asociaciones más satisfactorias y auténticas.

***

- Consulta la sección correspondiente del *Diario y cuaderno de trabajo del trabajo en la sombra para parejas* y completa los ejercicios. Reflexiona sobre tus percepciones, aplica los conceptos y explora tus experiencias personales. Dedicar este tiempo a la autorreflexión mejorará tu viaje.

Epílogo

REFLEXIÓN SOBRE EL VIAJE

Al llegar a la conclusión de esta exploración de las profundidades de la psicología junguiana y su aplicación a las relaciones, es hora de reflexionar sobre el viaje que hemos emprendido. Desde ahondar en el inconsciente y enfrentarnos a los deseos reprimidos hasta comprender la proyección, abrazar el proceso de integración y navegar por el complejo camino de la individuación, cada capítulo nos ha ofrecido una visión de la intrincada dinámica del crecimiento personal y su profundo impacto en las relaciones románticas.

Este viaje no sólo ha consistido en comprender conceptos teóricos; ha sido una exploración práctica de cómo estas ideas se manifiestan en nuestra vida cotidiana y en nuestras relaciones íntimas. Hemos visto cómo el trabajo de sombras puede transformar nuestra comprensión de nosotros mismos y de nuestras parejas, cómo la individuación puede conducir a una relación más auténtica y satisfactoria, y cómo enfrentarse a ambigüedades morales puede fortalecer los lazos de confianza y empatía.

Para concluir, es importante reconocer que el viaje de autodescubrimiento y crecimiento relacional es continuo. Los conocimientos y las lecciones aprendidas no son destinos finales, sino peldaños hacia una comprensión y una conexión más profundas.

En esta conclusión, resumiremos los puntos clave de cada capítulo y reflexionaremos sobre cómo seguir aplicando estos conocimientos para nutrir y enriquecer tu relación. El viaje de exploración del yo y de navegación por las complejidades de una relación de pareja es una aventura continua que puede conducir a una vida compartida profundamente gratificante y conectada.

Resumen de las principales ideas y conclusiones

Al concluir nuestro viaje por los dominios de la psicología junguiana y su aplicación a las relaciones de pareja, es esencial consolidar las ideas y conclusiones clave:

- La mente inconsciente: Comprender el inconsciente es fundamental para el autoconocimiento y la dinámica de las relaciones. Reconocer su influencia ayuda a abordar comportamientos y patrones profundamente arraigados.

- Deseos reprimidos: Reconocer e integrar los deseos reprimidos puede mejorar significativamente la realización personal y la satisfacción en las relaciones. Se trata de sacar a la luz aspectos ocultos y tratarlos de forma constructiva.

- Proyección en las relaciones: Identificar y gestionar las proyecciones es crucial para que las interacciones sean auténticas. Reconocer nuestras proyecciones ayuda a reducir los malentendidos y a fomentar la empatía.

- Integración de la sombra: Abrazar la sombra conduce a una autocomprensión más completa y reduce la tensión en las relaciones causada por comportamientos inconscientes.

- Individuación: El viaje hacia la individuación mejora la integridad personal y la autenticidad en las relaciones, fomentando conexiones más profundas.

- Ambigüedad moral: Navegar por las ambigüedades morales requiere una comunicación abierta, empatía y la voluntad de comprender diferentes perspectivas, lo que fortalece la relación.

- Encuentro con el Yo: El encuentro y la comprensión del verdadero Yo es fundamental para el crecimiento personal y el desarrollo de relaciones auténticas.

- Transformación: La transformación personal y relacional es un proceso continuo, alimentado por el autoconocimiento, el crecimiento y la adaptación a los cambios.

El viaje continuo del trabajo en la sombra en las relaciones

El trabajo de sombras en las relaciones es un proceso continuo. Implica una reflexión continua, un diálogo abierto y el compromiso de comprenderse a uno mismo y a la pareja. Este trabajo no sólo mejora el crecimiento personal, sino también la profundidad y la calidad de la relación.

A medida que avances, recuerda que el crecimiento personal y relacional es un viaje perpetuo. Acepten las lecciones aprendidas y sigan aplicándolas para cultivar su relación. Anímense y apóyense mutuamente en sus caminos individuales de crecimiento y autodescubrimiento. El viaje es tan gratificante como desafiante y allana el camino para una relación de pareja profundamente conectada, auténtica y satisfactoria.

En conclusión, las ideas de la psicología junguiana ofrecen herramientas valiosas para comprender y enriquecer tanto el desarrollo personal como las relaciones románticas. Si continúa trabajando con estos conceptos, podrá construir una relación que no sólo sea amorosa, sino que también esté profundamente arraigada en la comprensión mutua, el crecimiento y la autenticidad.

♥

GRACIAS

¡Por conseguir este libro y por llegar hasta el final!

Antes de irte, quería pedirte un pequeño favor. ¿Podría considerar publicar una reseña? Porque publicar una reseña es la mejor y más sencilla forma de respaldar el trabajo de autores independientes como yo.

¡Tus comentarios me ayudarán muchísimo!

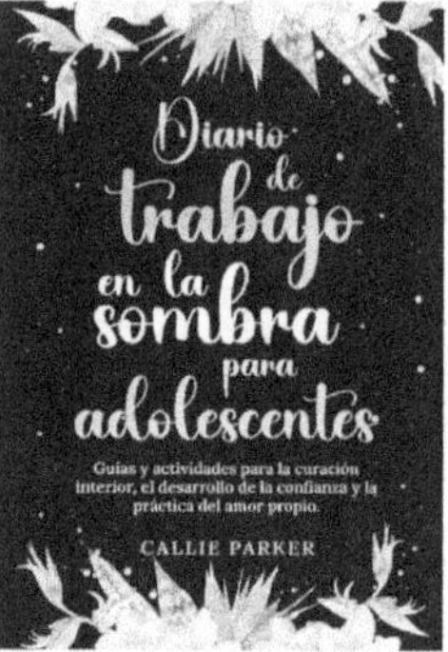

El libro definitivo de autoayuda para la recuperación del abuso narcisista

Trauma y recuperación infantil
Sanando a tu niño interior

Cuaderno de ejercicios de recuperación y trauma infantil
Sanando a tu niño interior

Libro para colorear para adultos Mandalas